CB051321
9788583100263

# O LUGAR E O TRIBUTO

*Ensaio sobre competência e definição do critério espacial na regra-matriz de incidência tributária*

LUCAS GALVÃO DE BRITTO

Mestre e Doutorando em Direito Tributário pela PUC-SP.
Professor dos Cursos de Especialização em Direito Tributário
da COGEAE/PUC-SP e do IBET Instituto Brasileiro
de Estudos Tributários. Advogado.

# O LUGAR E O TRIBUTO

*Ensaio sobre competência e definição do critério espacial na regra-matriz de incidência tributária*

2014

Copyright © 2014 By Editora Noeses
Fundador e Editor-chefe: Paulo de Barros Carvalho
Editora Assistente: Semíramis Oliveira
Gerente de Produção Editorial: Alessandra Arruda
Arte e Diagramação: Denise Dearo
Designer de Capa: Ney Faustini
Revisão: Semíramis Oliveira

CIP - BRASIL. CATALOGAÇÃO-NA-FONTE
SINDICATO NACIONAL DOS EDITORES DE LIVROS, RJ.

| | |
|---|---|
| B86293 | Britto, Lucas Galvão de. / O Lugar e o Tributo - São Paulo : Noeses, 2014. |
| | 220 p. |
| | 1. Direito. 2. Regra-matriz. 3. Incidência Tributária. I. Título. |

CDU - 340

Setembro de 2014

Todos os direitos reservados

editora
**NOESES**

Editora Noeses Ltda.
Tel/fax: 55 11 3666 6055
www.editoranoeses.com.br

*Não me aborrecia caminhar assim num mapa, talvez porque sempre tive a vaga sensação de ser eu também o mapa de uma pessoa.*

Chico Buarque de Holanda

*A Nossa Senhora da Apresentação, pela graça de aqui estar hoje.*

*A Mariana, meus pais e meus irmãos,
minha casa que mora em mim onde quer que eu esteja.*

# AGRADECIMENTOS

Há um provérbio africano que diz *"Para se chegar rápido, melhor ir sozinho. Para se chegar longe, é preciso ir junto"*. Chegado o momento de entregar este trabalho, deixo o obrigado àqueles que acompanharam os meus passos, desde os primeiros até este.

Assim, agradeço a Vicente e Andréia, meus primeiros e melhores professores, Igor e Cecília, meus primeiros alunos, que todos os dias me ensinam a construir a vida.

A Mariana, cujo sorriso levo como bandeira pelo caminho.

Ao Professor Paulo de Barros Carvalho, exemplo maior de amor às perguntas e da incessante busca pelo conhecimento.

Ao Professor Robson Maia Lins, companheiro das boas e más horas, o irmão mais velho que eu encontrei nas curvas da vida.

A todos professores e amigos que pacientemente dividiram comigo as angústias das dúvidas e lançaram boas luzes sobre o caminho traçado nesta obra. Faço-o em especial às figuras de Fabiana Del Padre Tomé, Tácio Lacerda Gama, Paulo Ayres Barreto, Clarice von Oertzen de Araujo, Elizabeth Nazar Carrazza, Andréa Medrado Darzé, Marcela Conde Acquaro Maia, Marina Vieira de Figueiredo, Charles William

McNaughton, Samuel Gaudêncio, Rosana Oleinik, Adilson Gurgel de Castro e Elke Mendes Cunha.

As ideias aqui expostas permanecem as mesmas do trabalho apresentado para obtenção do título de Mestre em Direito Tributário pela PUC-SP. A exposição de seus fundamentos foi enriquecida com novos exemplos e mais referências à recente jurisprudência – administrativa e judicial. Para que tais acréscimos fossem feitos, contribuíram, sobremaneira, os já referidos professores Paulo de Barros Carvalho, Paulo Ayres Barreto e Robson Maia Lins com sua arguição naquela manhã de 5 de outubro de 2012. Devo também o agradecimento às proveitosas discussões com meus amigos de mestrado e doutorado, em especial Rodrigo Leal Griz, Thiago Barbosa Wanderley, Maria Angela Lopes Paulino Padilha, Henrique Gouveia, Fernando Favacho, Charles William McNaughton, Camila Catunda e Antônio Alcoforado, que muito me ajudaram a amadurecer os argumentos, contribuindo com bons exemplos, dúvidas e oportunidades para entrelaçar a teoria à prática.

Dou graças, ainda, à criteriosa e paciente revisão do texto original, que contou com a colaboração oportuna e meticulosa de Daniele Souto Rodrigues Amadio, Raquel Soufen e Semíramis Oliveira.

Quero, por fim, registrar o meu muito obrigado a todos da Editora Noeses, pelo diligente e minucioso cuidado que me foi dirigido ao longo da feitura deste livro.

# SUMÁRIO

**AGRADECIMENTOS** .................................................... IX
**PREFÁCIO**................................................................... XVII
**INTRODUÇÃO** ........................................................... XXV

    Por que estudar o critério espacial? ........................ XXV
    Da insuficiência dos modelos teóricos atuais.............XXVII
    Do plano da obra................................................... XXIX
    Do propósito do livro............................................. XXX

**CAPÍTULO PRIMEIRO – O CORTE**............................ 1

1. Da necessidade do corte ........................................ 1
2. Sobre o ato de definir............................................. 3
    2.1. Funções e tipos de definição .......................... 5
        2.1.1. Definições estipulativas .......................... 7
        2.1.2. Definições lexicográficas ....................... 8
        2.1.3. Definições aclaradoras .......................... 9
        2.1.4. Definições teóricas................................ 10
        2.1.5. Definições persuasivas........................... 11

2.2. Conotação, denotação e técnicas para construir definições .................... 12
    2.2.1. Definições operacionais .................... 13
    2.2.2. Definições por gênero e diferença .................... 14
3. Teoria das classes .................... 15
    3.1. Sobre o ato de classificar e as regras que presidem esse processo lógico .................... 17
    3.2. Classe, subclasse e limites lógicos à operação de inclusão de classes .................... 20
4. Que se entende por *direito* e por *Direito* neste *texto* .... 22
    4.1. Direito e linguagem .................... 23
    4.2. O direito como linguagem prescritiva de condutas .................... 25
    4.3. Do remate e sobre a importância desse corte .................... 27
5. Fórmulas e conhecimento .................... 29
6. Fórmulas e compreensão do direito .................... 34
7. Norma jurídica .................... 36
    7.1. Normas jurídicas em sentido lato e sentido estrito .................... 36
    7.2. O ato de construir sentido .................... 38
8. Mais algumas palavras sobre o texto do direito, seu sentido e a necessidade de base empírica .................... 40
9. Norma jurídica tributária .................... 44
10. Regra-Matriz de Incidência Tributária .................... 45
    10.1. "Expressão mínima e irredutível de manifestação do deôntico" .................... 45
    10.2. Da escola da "glorificação do fato gerador" ao estudo da norma jurídica tributária .................... 47
    10.3. A fórmula da regra-matriz de incidência tributária .................... 49

  10.4. A hipótese tributária ............................................. 52

  10.5. A consequência tributária ..................................... 56

 11. Para isolar o critério espacial da regra-matriz ............ 59

**Capítulo Segundo – O espaço no Direito** ........................ 61

1. Filosofia *do* direito e filosofia *no* direito ........................ 61

2. Noções elementares de semiótica – o signo ................... 63

3. Movimento, ação e conduta e os signos da gestualidade humana .................................................................................. 65

4. Espaço, cosmos e lugar ...................................................... 70

5. Kant: o problema do espaço experimentado e experimentável ................................................................................. 75

6. Merleau-Ponty e a passagem do espaço espacializado ao espaço espacializante .................................................... 79

7. Definições e medidas ......................................................... 81

  7.1. Medidas e o objeto medido ...................................... 84

  7.2. Dos problemas para medir condutas ...................... 85

8. A respeito dos conceitos, no Direito Penal, de *território* e *lugar do crime* .................................................................. 88

  8.1. Os quatro princípios ................................................. 89

  8.2. As definições dadas ao termo território .................. 92

  8.3. O lugar do crime ....................................................... 95

  8.4. As duas categorias espaciais fundamentais ........... 99

9. Espaço físico e normas jurídicas ..................................... 104

10. O lugar da conduta jurídica ............................................. 109

**Capítulo Terceiro – Competência, território e lugar no Direito Tributário** ............ 113

1. Sobre os itens que integram este capítulo .................... 113
2. Retomando as categorias: competência e incidência ... 114
    2.1. Competência tributária ............................................. 114
    2.2. Incidência tributária ................................................. 118
3. Precisando as definições: critério espacial e domínio espacial de vigência ........................................................ 121
    3.1. Critério espacial ....................................................... 124
        3.1.1. É possível a pluralidade de critérios espaciais numa só norma? Esclarecimentos sobre a aplicação da teoria penal da ubiquidade no direito tributário .............................................. 125
    3.2. Domínio espacial de vigência .................................. 129
4. Lugar *do tributo*, lugar *do fato* e lugar *no fato* ............. 132
5. Cinco constrangimentos à liberdade de escolha do *lugar do tributo* ........................................................................ 134
    5.1. Primeiro: Distribuição de competências na Constituição da República .................................................. 136
        5.1.1. Os constrangimentos à escolha do critério espacial no ICMS das operações interestaduais com consumidor final ....................... 138
    5.2. Segundo: Territorialidade ........................................ 140
        5.2.1. Princípio da territorialidade .......................... 141
        5.2.2. Das eficácias positiva e negativa do princípio da territorialidade ............................................ 144
        5.2.3. Extraterritorialidade e os chamados "elementos de conexão" .......................................... 147

5.3. Terceiro: Conceitos de Direito Privado .................... 150

    5.3.1. Breve nota sobre os artigos 109 e 110 do Código Tributário Nacional ................................ 152

5.4. Quarto: Normas gerais de direito tributário .......... 157

    5.4.1. Sobre a função reservada à Lei Complementar na definição do lugar do tributo .............. 159

    5.4.2. Convênios e a competência para tributar no ICMS ............................................................. 162

5.5. Quinto: Tratados Internacionais ............................. 165

**CONCLUSÕES** ................................................................ 169

**Capítulo Primeiro – O corte** ................................................ 169

**Capítulo Segundo – O espaço no Direito** ........................... 172

**Capítulo Terceiro – Competência, território e lugar no Direito Tributário** ................................................................ 175

**REFERÊNCIAS** ................................................................ 181

# PREFÁCIO

  Manifestar-me sobre texto que ostente o nome de ¨O LUGAR E O TRIBUTO" é, no mínimo, inusitado. Há construções linguísticas sobre os critérios de vigência espacial, temporal, material e pessoal, tanto das normas jurídicas, quanto dos instrumentos introdutórios que as põem no sistema. Por outras perspectivas epistemológicas, esse tópico costuma ser observado também pelo ângulo da validade e da eficácia, compondo a trilogia sobre a qual Pontes de Miranda tão bem desenvolveu suas sofisticadas construções doutrinárias. Mas o título sugere algo mais específico, apresentando modo de aproximação cognoscitiva que surpreende o leitor interessado, ao conduzir sua consciência por caminhos diferentes, oscilando entre as categorias fundamentais do intelecto humano, em ascese temporária, para projetar-se no plano da realidade tangível, com inesperado sentido de praticidade. Aquilo que Edmund Husserl chamou de o "mundo da vida", expressão eloquente para exprimir o campo das relações intersubjetivas, revela-se uma dimensão favorável, território fecundo em que o Autor testa suas meditações e aprofunda seus enunciados proposicionais para ilustrar o pensamento, exibindo, com isso, a procedência das asserções emitidas. Atinge, por esse caminho, aquele nível de elaboração que congrega a teoria e a prática, a ciência e a experiência, tudo organizado no âmbito do mesmo universo de discurso.

A multiplicidade de aspectos em que se apresenta o tecido social, na sua riqueza inesgotável, sugeriu ao jovem professor um dilema: ou tratar a matéria na singeleza do encontro inicial, em que a pragmática da comunicação humana ofereceria maneiras atrativas de propor enunciados práticos e diretos para a solução de problemas; ou considerá-lo nos horizontes de uma visão mais ousada, mais atrevida, conferindo as significações usuais com as estruturas de uma concepção filosófica ampla, abrangente, que partisse de premissas expressamente declaradas e se locomovesse num plano consistente, ainda que tal movimentação viesse a lhe custar o esforço da mente e os desgastes naturais de quem se decide lidar com tais atos de consciência. Nesta segunda opção incidiu sua escolha, comedida e determinada. Lembrou-se, certamente, do que pensou Lourival Vilanova (*As Estrutura Lógicas e o Sistema de Direito Positivo*, Noeses, 4ª edição, p. 149): *Se a Ciência do Direito aspira a ser ciência, e não um agregado de proposições sem fim cognoscitivo, mas com propósito ideológico; se pretende ser um sistema de proposições teoréticas sobre o direito positivo, e não um amálgama de enunciados psicológicos, sociológicos, históricos, filosóficos, descritivos uns, prescritivos outros, tudo em impuro contubérnio metodológico, precisa: i) delimitação de seu campo de conhecimento; ii) unidade metodológica; iii) teoricidade em sua finalidade; e iv) sistema ou estrutura formal, articulando as proposições constitutivas desse setor do conhecimento.*

Começa por aí o valor inestimável que atribuo ao presente texto, pois, como protoformas lógicas, os conceitos puros ou categoriais, assim o espaço, o tempo, a causalidade, a imputabilidade, em que se inserem os dados de fato da experiência, o real mesmo em sua concreção existencial, estão por reclamar, incessantemente, a criação de novas ideias, de diferentes modos de associação, que só uma atitude atenta e introvertida do observador poderia propiciar. E foi assim que Lucas Galvão de Britto, mencionando sua insatisfação com as doutrinas existentes sobre os aspectos espaciais que a linguagem jurídica costuma utilizar, enfrentou o desafio de dissertar acerca de assunto tão relevante para a análise do fenômeno jurídico.

Esse tipo de trabalho cobra do autor uma postura definida: exige dele o compromisso sério de declarar sua cosmovisão jurídica, oferecendo a amplitude das concepções que adota, montadas na forma superior de sistema. Dito de outro modo, reivindica uma tomada de posição firme, que não se compadeça com a produção de enunciados quaisquer, emitidos para superar dificuldades episódicas e ocasionais.

Considerações dessa ordem permitem compreender, desde logo, o porquê da estrutura sumarial que apresenta no início de sua obra, dividida em três capítulos e seguida de resumo conclusivo. Há, contudo, linhas de introdução, intervalo reservado aos questionamentos inaugurais: a) por que estudar o critério espacial? b) da insuficiência dos modelos teóricos atuais; c) do plano da obra; e d) do propósito do trabalho.

Chamou-me a atenção a ausência referida no item "b" e a ela me referi com as seguintes palavras: *São pobres as pesquisas científicas atinentes ao critério espacial das hipóteses tributárias. Esbarra a doutrina, ainda, em problemas elementares como o que ventilamos. Quem sabe fosse bom admitir a pertinência das velhas teorias do Direito Penal dobre o* locus delicti *em termos de aprofundar-se o inquérito científico tributário, uma vez que nosso legislador, consciente ou inconscientemente, acabou recolhendo conclusões emergentes das teses da nacionalidade, do resultado (ou do efeito típico) e da atividade, para construir a estrutura orgânica dos diversos tributos. O motivo seria mais que suficiente para espertar o desenvolvimento de estudos que, por certo, viriam a enriquecer setor do Direito Tributário carente de reflexões e paupérrimo de alternativas.* (*Curso de Direito Tributário*, Saraiva, 26ª edição, p. 267).

No primeiro capítulo, faz a apologia do corte, a inevitável providência do espírito para a compreensão do mundo circumposto ao sujeito transcendental, em linguagem kantiana, aquele que se põe em função cognoscente perante o objeto. Eis o grande instrumento de aproximação! A própria natureza do ser humano, assinalando os padrões de sua finitude existencial, já põe os limites inexoráveis do homem no curso da trajetória possível pelo mundo. Também aqui, acudiu à mente do Autor a incisiva afirmação de Pontes, no seu *O Problema Fundamental do Conhecimento: o cindir é desde o início*. O âmbito dos nossos sentidos, marcado por fronteiras intransponíveis, é, por si só, um convite irrecusável à redução das complexidades. É cortando para simplificar, para reduzir, que o agente do conhecimento avança e pretende dominar a realidade em que está imerso. Mas, discorrer sobre o corte é falar acerca de categorias e procedimentos lógicos que não poderiam estar à margem deste discurso, pois, se o cindir é tão importante, como empreendê-lo para dar sequência ao conhecimento? Ingressam, portanto, com o caráter de necessidade, os estudos sobre o ato de definir, as funções e tipos de definição, bem como os conceitos de conotação, de denotação e outras técnicas para construir definições. Além disso, noções básicas sobre a teoria das classes enriquecem esse momento preambular.

Em continuidade ao desenvolvimento do primeiro capítulo, Lucas Galvão de Britto toca, com propriedade, numa premissa decisiva para dar a conhecer a fisionomia efetiva da vertente filosófica e jurídica pela qual optou: direito e linguagem; a prescritividade das condutas e a importância dessas notas para a incisão metodológica que vai orientar o seguimento de seu texto. Os fatos e as condutas, sempre expressos em linguagem competente, são, para ele, o contradomínio do sistema de normas. Linguagem e sobrelinguagem, prescritiva uma, crítico-descritiva a outra.

Ainda no capítulo primeiro, o Autor ingressa nos domínios do direito positivo para opinar sobre as normas jurídicas, em sentido amplo e em sentido estrito, sua necessária base empírica, sua organização lógico-sintática, salientando a dualidade suporte físico e plano das significações. Mostra-se convicto:

somos nós que atribuímos sentido aos enunciados prescritivos do direito posto, mediante o processo da interpretação, compondo, por assim dizer, o conteúdo das normas jurídicas que, articuladas segundo as regras de formação e de transformação, atingem o mais elevado nível lógico que é o de "ser sistema". Agora, do reconhecimento das estruturas normativas para alcançar o tópico da regra-matriz de incidência tributária é uma passagem rápida, sem recursos estratégicos especiais, algo para que o raciocínio evolui sem atropelos e sem aqueles expedientes que encontram na (má) retórica seu lugar-comum. Transita do arcabouço das normas jurídicas em sentido estrito, no seu perfil de expressão mínima e irredutível de manifestação do deôntico, para a regra-matriz dos tributos, com o passo decidido de quem se locomove com serenidade e leveza de raciocínio, dispensando qualquer esforço digno de nota.

Confesso que li com redobrada atenção e enorme interesse o escrito do Autor, na integridade de sua extensão, mas o capítulo primeiro, mesmo para uma análise solitária e independente, aparece como base de sustentação muito bem tecida e elaborada com noções preciosas de Filosofia e de Teoria Geral do Direito. Acredito que poderia descolar-se do trabalho total para aspirar à condição de texto individualizado, feixe de proposições com unidade de sentido.

No capítulo segundo, Lucas se ocupa do espaço no Direito. Afinal de contas, se o livro é sobre o Lugar e o Tributo, nada mais óbvio do que saber como o legislador lida com os condicionantes de tempo e de espaço. Legislador, entendido aqui como todo aquele que insere normas no ordenamento positivo, como o poeta da linguagem jurídica, aquele que cria, que concebe, o responsável, enfim, pela palavra inesperada, pelo gesto inusitado. Não basta dizer que o direito é o senhor do espaço e do tempo. Na verdade, como é ele quem cria a linguagem jurídica, é o senhor de tudo, não somente daquelas condições *a priori* da sensibilidade, na terminologia de Kant. É nesta repartição do trabalho que o Autor, percorrendo o pensamento de filósofos importantes, empreende paralelo sugestivo com o Direito Penal, ao traçar os contornos materiais do fato delituoso e as indicações espaço-temporais do crime. O capítulo segundo é a grande plataforma de reflexão que vai permitir ao Autor, servindo-se dos pressupostos discutidos e estabelecidos no capítulo inaugural, projetar-se no território dos tributos, para concluir sua pesquisa. Quem quiser testar a congruência de seu raciocínio, ao versar este assunto, que deposite a atenção nesses laços de ligação que conectam o capítulo primeiro ao segundo, tendo em vista pousar no terceiro. Penso que nessa combinatória estão os elementos que garantem a coesão e a consistência da obra.

O capítulo terceiro é dedicado à competência, território e lugar no direito tributário. E a incidência recebe tratamento minucioso por parte de Lucas. Aliás, transmite a convicção de que rejeita o incidir automático e infalível das normas jurídicas, com o simples verificar-se, no plano da realidade físico-social, dos acontecimentos hipoteticamente descritos nos antecedentes normativos, proposta que vigorou, e ainda vigora, em função da euforia que o Código de Napoleão proporcionou, gerando mais certeza e segurança para os destinatários dos preceitos jurídicos. O Autor está convencido da necessidade da presença do ser humano, numa posição intercalar, movimentando as estruturas prescritivas, para que as normas gerais e abstratas cheguem ao nível das condutas intersubjetivas. Daí avante, o agora mestre em Direito pela Pontifícia Universidade Católica de São Paulo examina o critério espacial em face do domínio espacial de vigência, extraindo ponderações sutis, quase todas elas elucidadas por exemplos, recurso enunciativo que apoia o conhecimento, iluminando a compreensão do objeto. Refere-se, também, à dicotomia *lugar do fato e lugar no fato*, tão útil para direcionar o raciocínio de quem especula. E encerra essa parte enunciando os cinco constrangimentos à liberdade de escolha do lugar do tributo, para tecer sugestivas observações a respeito de cada qual: i) a distribuição de competências na Constituição da República; ii) a territorialidade; iii) conceitos de Direito Privado; iv) normas gerais de direito tributário; e v) tratados internacionais.

Quero crer que o livro que a Editora Noeses faz publicar situa-se no altiplano da teoria geral do direito tributário, como texto científico que é, porque fala sobre o direito positivo, mencionando leis de hierarquias diversas, mas não se esquecendo da contribuição sempre relevante da jurisprudência. O caráter de ciência, contudo, vem penetrado por oportunas anotações de teoria geral e acompanhado, intensamente, por meditações de ordem filosófica. Esse tripé, equilibrado e bem distribuído, dá estabilidade à obra, afastando-se do tratamento meramente técnico que caracteriza os trabalhos existentes sobre a matéria. A despeito disso, porém, a preocupação com os modelos da experiência, refletidos na presença de numerosos e adequados exemplos, dá um sentido de praticidade objetiva que facilita a leitura e contribui para aumentar o interesse pelo assunto.

Lucas Galvão de Britto vem cumprindo uma trajetória que poderia dizer-se auspiciosa na carreira acadêmica. Já desponta como autor de artigos doutrinários importantes e seu talento de professor e conferencista chama a atenção dos mais credenciados representantes da comunidade jurídica. A par dessa habilidade voltada à reflexão sobre temas filosóficos e jurídicos, sua eficiência retórica, imprescindível no exercício da advocacia, favorece uma atuação profissional do mais alto nível.

É com grande prazer, portanto, e com entusiasmo, que aceitei o convite para prefaciar esta obra, certo do seu valor e da utilidade que o presente livro pode ter no contexto dos altos estudos de direito tributário no Brasil.

São Paulo, 14 de agosto de 2.014

**Paulo de Barros Carvalho**
*Professor Emérito e Titular da PUC/SP e da USP*

# INTRODUÇÃO

**Por que estudar o critério espacial?**

Era o final da manhã de um sábado, 12 de maio, quando o voo G3 1902 partia de Guarulhos com destino a Natal. Já sobrevoávamos algum lugar do espaço aéreo sobre o Estado de Minas Gerais – ou seria da Bahia? – quando uma comissária de voo, com o sorriso que lhe serve de uniforme, ofereceu-me *menu* para que escolhesse o lanche da viagem. Ao lado da pequena relação dos sanduíches, doces, bebidas quentes e frias, havia a indicação do preço da mercadoria. Escolhida a "sugestão do chef", paguei a atendente e recebi, além do alimento, um "Documento Auxiliar de Venda" cuja redação logo denunciava que transações como essa estariam sujeitas à incidência do Imposto sobre a Circulação de Mercadorias e Serviços – ICMS.

Sabendo-se que a referida exação compete aos Estados em cujos territórios sejam praticadas as operações de circulação de mercadorias, restava a pergunta: a qual Secretaria da Fazenda competiria a cobrança do tributo devido em razão dessa operação? Seria aquele da partida da aeronave, São Paulo? O destino, Rio Grande do Norte? Aquele sobre o qual sobrevoávamos no preciso instante, Minas Gerais (ou talvez Bahia)? O do registro da aeronave? Seria essa uma operação interestadual?[1]

---

1. Para satisfazer a curiosidade do leitor: as normas que regem o assunto

Ao mesmo tempo em que fico a me perguntar, uma sociedade empresarial sediada em Oak Brook, Illinois, Estados Unidos da América, com estabelecimentos espalhados em vários países, dentre eles o Brasil, continua sua incessante atividade cujo faturamento anual é estimado em 27 bilhões de dólares norte-americanos. Sua renda decorre de milhões de operações perpetradas ao redor do globo terrestre e seus departamentos jurídico e contábil têm, nesse instante, a mesma dúvida que tenho: onde é devido o tributo?[2]

Seria possível multiplicar indefinidamente os exemplos trocando os agentes envolvidos, inserindo um ou outro elemento novo na operação, mas a dúvida central permaneceria a mesma: qual é o lugar de incidência do tributo?

A importância da pergunta faz-se sentir na mesma medida em que cresce a complexidade geográfica da ação humana. Com enorme frequência, as interações pessoais expandem-se para além dos marcos territoriais de um município, estado ou país. O progresso tecnológico, que se fez sentir com mais intensidade no século passado e se apressa a cada novo dia, é o grande responsável por mudanças radicais na forma como o

---

estipulam ser o local *de partida da aeronave*, aquele no qual se dará a incidência do tributo, independentemente de outras marcas espaciais envolvidas no acontecimento econômico, como o território do estado sobre o qual esteja a aeronave ou a ele se destine. Confira-se o dispositivo do Ajuste SINIEF 07/2011, Cláusula Segunda, §3º: "*A base de cálculo do ICMS será o preço final de venda da mercadoria e o <u>imposto será devido à unidade federada de origem do voo</u>.*" Observe-se que tal decisão quanto ao lugar da incidência dá-se em harmonia com o disposto nos arts. 11, I, "a" e 12, I e II, da Lei Complementar n. 87/96. A propósito da função da lei complementar e do uso de convênios e ajustes para regulamentar o local de incidência do tributo, ver item 5.4.2. do Capítulo Terceiro.

2. A resposta precisa a esse problema dependeria da coleta de mais informações sobre o caso e, também, do cotejo das legislações dos países nos quais estão situados os diferentes estabelecimentos. O propósito deste livro não é o de responder direta e objetivamente a esse tipo de pergunta, mas sugerir itinerário seguro ao intérprete para que ele possa organizar os textos jurídicos em respostas bem urdidas para esse tipo de problema.

homem contemporâneo relaciona-se com as distâncias, encurtando-as, em seu contato com o próximo. Com toda a potencialidade de interações trazidas pelos novos canais de contato, o outro nunca esteve tão perto.

É chegada então a hora de lançar as perguntas em torno das quais correrá o raciocínio e que conduzirão à propositura de um modelo interpretativo para o critério espacial da regra-matriz de incidência tributária. Um esquema que seja mais preciso e condizente aos reclames de uma realidade social cada vez mais difusa em sua geografia e complexa em seus fatores organizacionais.

## Da insuficiência dos modelos teóricos atuais

Em certo sentido, pode-se afirmar que a maior parte dos estudiosos que versaram sobre a teoria da norma tributária também trataram deste assunto. Seja chamando-o de *aspecto espacial*,[3] *critério espacial*,[4] inserindo-o em meio à noção de *territorialidade*,[5] ou mesmo para criticá-la, falando de sua *falsa obviedade*.[6]

Entretanto, o trato dedicado à matéria é raso, raramente ultrapassando o intervalo de um par de páginas em meio a livros que empregam maior atenção a outras variáveis da norma tributária. Admite-o PAULO DE BARROS CARVALHO, referindo-se à confusão entre *domínio espacial de vigência* e *critério espacial*: "*São pobres as pesquisas científicas*

---

3. ATALIBA, Geraldo. *Hipótese de Incidência Tributária*. São Paulo: Malheiros, 2008, *passim*.
4. CARVALHO, Paulo de Barros. *Curso de Direito Tributário*. São Paulo: Saraiva, 2012, *passim*.
5. FALCÃO, Amilcar de Araújo. *Fato Gerador da Obrigação Tributária*. São Paulo: Noeses, 2013, *passim*.
6. BECKER, Alfredo Augusto. *Teoria Geral do Direito Tributário*. São Paulo: Noeses, 2010, *passim*.

*atinentes ao critério espacial das hipóteses tributárias. Esbarra a doutrina, ainda, em problemas elementares, como o que ventilamos.*"[7]

Como resultado disso, um grande número de trabalhos sobre as várias espécies tributárias aponta como critério espacial a coincidência de extensão com o território da pessoa tributante. Trata-se de proposição que não resiste ao crivo da experiência, como mostram bem os exemplos acima arrolados. Se o critério espacial do ICMS fosse simplesmente "território do estado" e estivermos diante de venda e compra de alimentos a bordo de aeronave em voo interestadual, rapidamente sobreviria nova pergunta *qual território?* Reflexo de outra, mais elementar, *qual o lugar do tributo?*

Avanços interessantes foram registrados pelos estudos encarregados do exame da tributação em operações internacionais, por meio dos *elementos de conexão*. Este progresso, no entanto, é feito muitas vezes à revelia das premissas que dão consistência a uma teoria da norma, imiscuindo no exame do momento elementos alheios ao corte metodológico proposto na construção de uma teoria jurídica sólida, como o recurso a noções econômicas e políticas sem a correspondente referência ao direito positivo. São ideias atraentes, mas com fracos fundamentos epistemológicos. Tal circunstância dificulta o sustento dessas teses em meio a um debate rigoroso, como deve ser o da teoria jurídica.

A experiência reclama da teoria maiores avanços neste domínio, a fim de que esta possa contribuir para o desenvolvimento de novos discursos, marcados pela precisão que a prescritividade jurídica exige como condição de sua eficácia. Foi da insatisfação com a precisão analítica dos atuais modelos que surgiu a ideia para o livro.

---

7. CARVALHO, Paulo de Barros. *Curso de Direito Tributário*. São Paulo: Saraiva, 2012, p. 265.

## Do plano da obra

Todo o texto subsequente será dividido em três capítulos cuja síntese conclusiva será feita sob a forma de proposições numeradas, apostas no final do texto.

No curso do **Capítulo Primeiro** enunciarei as premissas de que parto, os fundamentos lógicos e algumas categorias fundamentais cuja compreensão torna-se indispensável para o desenvolvimento do raciocínio deste trabalho. Ali dedicarei especial atenção a dois itens: (a) nas regras lógicas que orientam os processos de classificação e definição; e (b) na descrição da regra-matriz de incidência tributária como *técnica* interpretativa. A informação é duplamente útil: se, por um lado, serve de fundação para a tessitura dos parágrafos seguintes, por outro, constitui itinerário para a conferência, pelo leitor, da correção dos avanços e resultados propostos.

O corpo do **Capítulo Segundo** reúne observações hauridas nos campos da filosofia e da semiótica para, conjugados aos avanços da doutrina penalista na investigação do *locus delicti*, apontar quais são as categorias fundamentais à compreensão das relações espaciais envolvidas no processo de subsunção. É um esforço que parte da filosofia *no* direito para, incursionando no campo do direito penal, despojá-lo das peculiaridades ínsitas a esse domínio normativo e, assim, identificar os contornos das categorias espaciais que se repetem na incidência de toda e qualquer norma jurídica.

De posse desse instrumental, será possível transpor esses conceitos para a compreensão da matéria tributária, e identificar, no **Capítulo Terceiro**, os fundamentos de uma *teoria do lugar do tributo*, melhor circunscrevendo o papel desempenhado pelo critério espacial e relacionando-o à categoria de domínio espacial de vigência. Tais esforços mostram-se etapas imprescindíveis para a identificação dos constrangimentos que o sistema jurídico impõe à livre estipulação do lugar atribuído pela lei como o da ocorrência do fato tributado.

## Do propósito do livro

Meu propósito com este livro é levar adiante a reflexão sobre a maneira como nos referimos ao espaço para tratar do fenômeno da incidência tributária.

Nesse espírito, as páginas que seguem se dedicam menos à coleção de dispositivos legais e ementas jurisprudenciais que trataram a matéria, preferindo a meditação detida e a derivação lógica do raciocínio a partir de um elenco de premissas bem firmado. A referência a julgados e legislação esparsa, portanto, ocupa o lugar destinado aos exemplos, servindo de teste às categorias construídas no decorrer do livro.

Por isso mesmo, aquele que vier à cata de respostas rápidas a respeito desse ou daquele tributo, possivelmente terminará a leitura frustrado. Já o leitor que pretenda potencializar a precisão de seu discurso jurídico no que diz respeito às relações espaciais, encontrará aqui bons instrumentos e categorias que lhe permitirão tratar, com propriedade, das peculiaridades espaciais de tributos que estejam em qualquer ordenamento e em qualquer tempo.

As categorias aqui propostas auxiliam o trabalho de organização de sentido dos textos já legislados e seu cotejo com as prescrições do ordenamento jurídico brasileiro que dispõem a respeito dos limites espaciais ao exercício da competência.

Nutro a convicção de que tal conhecimento será de boa valia para aqueles que lidam com a técnica legislativa, participando da confecção dos textos que irão compor a legislação fiscal, e especialmente para aqueles que trabalham com a incidência dos tributos: advogados, procuradores, juízes, auditores fiscais, e demais estudiosos do direito tributário.

# Capítulo Primeiro
## O CORTE

### 1. Da necessidade do corte

Existem muitas formas de começar a escrever um texto, no entanto, há apenas uma forma de começar a conhecer qualquer objeto que se pretenda: por meio do corte. *"Viver é recortar o mundo"*[8] escreveu PONTES DE MIRANDA em seu *O Problema Fundamental do Conhecimento*, mas porquê? Tudo aquilo que nos chega aos sentidos é limitado: não importa a imensa gama de sons que "exista" no mundo natural, aos nossos ouvidos chegam apenas sete oitavas; igualmente, sem o apelo a maquinário avançado, nossos olhos não percebem a luz emitida a certas frequências, nem nos permitem olhar em todas as direções, ver mais distante do que alguns quilômetros ou coisas menores do que alguns milímetros.

Considerações semelhantes poderiam ser feitas sobre todos os sentidos e, especialmente, sobre aquilo que concatena todos eles e nos permite atribuir significado ao mundo: também nossas mentes são limitadas, precisando, a todo o tempo, colocar

---

[8]. PONTES DE MIRANDA, Francisco Cavalcanti. *O Problema Fundamental do Conhecimento*. Porto Alegre: Globo, 1937, p. 27.

entre parênteses metódicos a multidão de dados que nos aparece para isolar os objetos da experiência, proporcionando, desse modo, as condições para que possamos nos aproximar dos aspectos do objeto que pretendemos conhecer. Viver – e conhecer – é um ininterrupto esforço de recortar e adjudicar sentido ao mundo.

Se, por um lado, o corte aparece como limite que a condição humana nos impõe, restringindo nossa habilidade para "absorver" a complexidade do mundo, por outro, o ato de promover cisões no contínuo heterogêneo da realidade sensível permite ao sujeito deter-se sobre um objeto, voltar a ele sua atenção para, com isso, conhecê-lo. Assim, faz com que o objeto cindido e conhecido passe a integrar seu repertório pessoal de experiências, relacionando-se com outros objetos, resultados prévios de outras operações de cortes. Eis aí um ponto importante de que parte essa pesquisa: o objeto do conhecimento é sempre *criado* por meio de um procedimento de *corte* ao qual poderíamos acrescer o adjetivo de *gnosiológico*.

O ato de promover cortes gnosiológicos é operação tão básica que muitas vezes o fazemos sem nos dar conta disso. É algo tão integrado à forma com que nós travamos contato com o mundo, que a tomada de consciência sobre esse procedimento incessantemente repetido passa ao largo da atenção de muitos, mas, ainda que não nos apercebamos, continuamos a cindir o mundo. Tomar consciência desse processo é apenas uma opção, desempenhá-lo, recortando o mundo em nossa experiência para conhecê-lo, não o é.

A circunstância de tratar-se de trabalho científico faz com que os cortes aqui esboçados, mais que gnosiológicos, sejam *epistemológicos*.[9] Isto é, fundados na experiência – aqui o direito

---

9. Segundo o Dicionário Houaiss, a palavra tem raiz etimológica no étimo grego *episteme* (conhecimento científico) acrescida do sufixo *logos* (de estudo, pensamento, reflexão). Trata-se do estudo do conhecimento científico.

positivo – e realizados mediante o cumprimento de um método – neste estudo o empírico-dedutivo.[10]

No curso desta pesquisa, procurarei perfazer o trajeto do pensamento desde a enunciação minuciosa dos cortes iniciais ao desencadear das conclusões – que também poderíamos chamar de cortes finais – buscando explicitar, sempre que oportuno for, os aspectos gnosiológicos envolvidos.

Tomar consciência do papel desempenhado pelos atributos de espaço é, portanto, um importante passo para que se possa compreender sua relevância na construção da realidade jurídica: também ela precisa de referências espaciais e temporais para ordenar aquilo que o conhecimento jurídico corta da experiência sensível e organiza de forma a possibilitar a referência a isso como algo *real*. A elaboração de parâmetros de espaço, mais que atender aos fins mais facilmente perceptíveis, como aquele de proporcionar uma escala, é pressuposto para que se possa tratar de temas como existência, realidade.

Trabalhar assuntos como este requer atenção para aquilo que se esconde por detrás do "óbvio". Se, por um lado, não mudará a maneira como se pensa o espaço, por outro, permite trazer a tona certos pontos centrais na relação do homem e seu entorno que, certamente, contribuirão para que melhor se trate da pertinência da linguagem jurídica no trato de relações espaciais, ou, como no objeto desse trabalho, dos tributos e os seus lugares.

## 2. Sobre o ato de definir

Para que se possa falar sobre o objeto cortado pelo esforço

---

(HOUAISS, Antonio. *Dicionário Houaiss da Língua Portuguesa*. Rio de Janeiro: Objetiva, 2009, p. 783).
10. Por isso mesmo, a única função que se pode reservar à jurisprudência no presente contexto é o de exemplo, sendo descabido seu uso na construção de raciocínios indutivos.

cognitivo humano, a ele atribuem-se definições. Como PAULO DE BARROS CARVALHO explica, o ato de definir é:

> [...] operação lógica demarcatória dos limites, das fronteiras, dos lindes que isolam o campo de irradiação semântica de uma idéia, noção ou conceito. Com a definição, outorgamos à idéia sua identidade, que há de ser respeitada do início ao fim do discurso.[11]

Definir, portanto, é o nome dado ao processo pelo qual, linguisticamente, imputam-se, a um termo, os limites em seu campo de irradiação semântica. É pelo seu conhecimento que é possível empregar as expressões de uma certa linguagem para referir-se a um ou outro objeto e, assim, comunicar-se.

Se as definições são um imperativo para que possa estabelecer-se a comunicação, há outro lado delas que deve ser enfatizado. São elas, também, pressupostos para que o homem possa organizar as ideias em um raciocínio coeso e coerente, evitando os empecilhos trazidos pela imprecisão, pois, como enuncia EDGARDO FERNANDEZ SABATÉ, *"El acto de definir es vocación propia de la razón pues lo indefinido y nebuloso es irritante."*[12]

Toda e qualquer definição é formada por um conjunto de signos que se referem a um objeto por meio de uma convenção, seja ela já previamente estabelecida ou inaugurada no ato definitório. A esse respeito, vale conferir a explicação dada por IRVING COPI:

> [...] as definições são sempre símbolos, pois somente os símbolos têm significados que as definições explicam.

---

11. CARVALHO, Paulo de Barros. *Direito Tributário, Linguagem e Método*. São Paulo: Noeses, 2011, p. 120.
12. Em português: "O ato de definir é vocação própria da razão, pois o indefinido e nebuloso é irritante". SABATÉ, Edgardo Fernández. *Filosofía y Lógica*. V. II. *Filosofía del Pensar*. Buenos Aires: Depalma, 1979, p. 129.

> Podemos definir a palavra "cadeira", porque tem um significado; mas, conquanto possamos sentar-nos nela, pintá-la, queimá-la ou descrevê-la, não podemos definir uma cadeira em si mesma, pois é um artigo de mobiliário, não um símbolo com um significado que devamos explicar.[13]

Eis aí importante nota: aquilo que se definem não são as coisas, mas os significados que os termos despertam nos sujeitos. São esses significados, enquanto ideias, que são explicados por meio das definições.

Toda e qualquer definição pode ser decomposta em duas partes: o termo a ser definido, chamado *definiens*, e aqueles outros com os quais se define o termo a ser demarcado, também conhecidos como *definiendum*.

O estudo das definições interessa a esse escrito na medida em que permite compreender as funções por elas desempenhadas nos diferentes contextos comunicacionais e, também, a maneira que se pode delas valer para significar – no sentido de versar em novos signos – o termo definido.

## 2.1. Funções e tipos de definição

Toda definição cumpre duas funções, como enuncia EDGARDO FERNÁNDEZ SABATÉ: *"Un primer efecto de la definición es poner fines o límites a una esencia para que no se confunda con otra; un segundo efecto es hacer más explícito el contenido de dicha esencia"*.[14]

A primeira dessas funções relaciona-se com a característica que se denominou, nos estudos de lógica, *ambiguidade*,

---

13. COPI, Irving M. *Introdução à Lógica*. São Paulo: Mestre Jou, 1981, p. 112.
14. Em português: *"Um primeiro efeito da definição é por fins ou limites a uma essência para que não se confunda com outra; um segundo efeito é tornar explícito o conteúdo desta essência."* SABATÉ, Edgardo Fernández. *Filosofía y Lógica*. V. II. *Filosofía del Pensar*. Buenos Aires: Depalma, 1979, p. 129.

enquanto a segunda, vem ao encontro da *vagueza*. IRVING COPI assim explica a diferença entre esses conceitos:

> Embora a mesma palavra possa ser, ao mesmo tempo, vaga e ambígua, vagueza e ambigüidade são duas propriedades muito distintas. Um termo é ambíguo num determinado contexto, quando tem dois significados distintos e o contexto não esclarece em qual dos dois se usa. Por outro lado, um termo é vago quando existem "casos limítrofes" de tal natureza que é impossível determinar o termo se aplica ou não a eles. Neste sentido, a maioria das palavras é vaga.[15]

São propósitos das definições tanto a (i) imposição de limites a abrangência dos termos; como também, (ii) a intersubjetividade de seu alcance, submetendo conhecimento e controle coletivo, o conteúdo que se quer com um termo enunciar: o seu *conceito*. É por isso que toda definição restringe um conceito para, assim, abrir-lhe caminho à compreensão alheia.

A essas funções IRVING COPI agrega mais três: (iii) como forma de aquisição de vocabulário,[16] (iv) para formular uma caracterização teoricamente adequada ou cientificamente útil dos objetos a que deverá o termo ser aplicado; ou (v) como meio para influenciar as atitudes ou agitar as emoções de quem toma contato com os termos.

Ao predomínio de cada uma dessas funções, faz o professor americano corresponder um tipo de definição. Elas podem, portanto, ser (a) *estipulativas*; (b) *lexicográficas*; (c) *aclaradoras*; (d) *teóricas*; ou (e) *persuasivas*.

---

15. COPI, Irving M. *Introdução à Lógica*. São Paulo: Mestre Jou, 1981, pp. 107-108.
16. Neste texto será preferida a expressão "código" (linguístico) utilizada por CLARICE ARAUJO, LAURO DA SILVEIRA, UMBERTO ECO e outros estudiosos de semiótica e linguística.

## 2.1.1. *Definições estipulativas*

Seriam *estipulativas* – também chamadas de *nominais* ou *verbais* – as definições que introduzem um novo termo no universo de um discurso. Por isso mesmo, tem a pessoa que o insere a possibilidade de escolher – no sentido de *estipular* – os limites semânticos que o termo sugere.

A esse atributo chama-se *liberdade de estipulação*. PAULO DE BARROS CARVALHO assim descreve essa competência:

> Ao inventar nomes (ou ao aceitar os já inventados), traçamos limites na realidade, como se a cortássemos idealmente em pedaços e, ao assinalar cada nome, identificássemos o pedaço que, segundo nossa decisão, corresponderia a esse nome.[17]

E precisamente porque há essa liberdade para decidir os limites do corte e da extensão conceptual do termo, não estará a definição sujeita a juízo de veracidade ou falsidade, como explica COPI:

> Uma definição estipulativa não é verdadeira nem falsa, mas deve ser considerada uma proposta ou uma resolução de usar o definiendum de maneira que signifique o que o definiens significa, ou como um pedido ou uma ordem. Nesta acepção, uma definição estipulativa tem o caráter mais diretivo do que informativo.[18]

Os textos científicos beneficiam-se enormemente das definições estipulativas na medida em que estas lhe permitem imprimir racionalidade, rejeitando os significados emotivos que outras palavras já empregadas no discurso comum poderiam intrometer no seu discurso depurado.

---

17. CARVALHO, Paulo de Barros. *Direito Tributário, Linguagem e Método*. São Paulo: 2011, p. 122. São meus os destaques.
18. COPI, Irving M. *Introdução à Lógica*. São Paulo: Mestre Jou, 1981, p. 114. Destaquei.

Assim, por exemplo, emprega-se na física símbolos como Δ (delta) para referir-se à variação de uma grandeza física, Arquimedes empregou a letra π (pi) para referir-se ao número que expressa a relação entre o perímetro de uma circunferência e o seu diâmetro e os químicos convencionaram que a expressão *mol* representaria o número de moléculas estabelecido na constante de Avogadro.

Pertencem também ao domínio das definições estipulativas muitas das frases empregadas no discurso do direito para fazer referência a *República Federativa do Brasil, anticrese, propriedade, crédito...* os institutos que são formados por um conjunto de prescrições jurídicas e, justamente por isso, são por vezes consideradas *palavras ocas*, como faz JOÃO MAURÍCIO ADEODATO, ao assinalar que elas *"servem para diluir imprecisões e conectar outras palavras, mas, elas mesmas, nada querem dizer"*.[19]

### 2.1.2. Definições lexicográficas

As definições *lexicográficas* – também chamadas de *reais* – têm por propósito eliminar a ambiguidade, atribuindo ao *definiendum* um uso já estabelecido no domínio de uma linguagem. É essa sorte de definição que se costuma encontrar nos dicionários.

Justamente porque se funda esse tipo de definição na existência prévia do termo e sua significação no vocabulário já estabelecido de uma linguagem, será possível submeter a relação entre o *definiens* e o *definiendum* a um juízo de veracidade conforme o seu uso seja admitido ou rejeitado em meio ao código linguístico. Aqui, portanto, já não há espaço para a liberdade de estipulação, pois a validade da própria definição funda-se no pressuposto de que alguém já a exercera.

---

19. ADEODATO, João Maurício. *Uma Teoria Retórica da Norma Jurídica e do Direito Subjetivo.* São Paulo: Noeses, 2011, p. 233.

## 2.1.3. Definições aclaradoras

*Aclaradoras* são definições que, ante a vagueza de um termo, possibilitam a decisão sobre a sua aplicabilidade aos casos limítrofes. Para que se possa assim fazê-lo, há de recorrer-se a expedientes que, aumentando a precisão significativa do *definiens*, incrementam também os limites de seu conceito. IRVING COPI nota que, nesse tipo de definição, haverá sempre um *quantum* de estipulação:

> [...] para que a vagueza do *definiendum* seja reduzida é preciso ir além do uso estabelecido. A medida exata em que pode ir além, o modo pelo qual preenche as lacunas ou resolve os conflitos que houver no uso estabelecido, tudo isto se funde, de certa maneira, em uma questão de estipulação – mas não inteiramente. Muitas decisões de caráter legal envolvem definições aclaradoras em que se esclarecem certos termos jurídicos, embora incluam ou excluam especificamente o caso em questão. De modo geral, os juristas apresentam argumentos destinados a justificar suas decisões em tais casos, e essa prática demonstra que não consideram suas definições aclaradoras como simples estipulações, nem mesmo nas próprias áreas que não estão abrangidas pelo uso precedente ou estabelecido. Pelo contrário, procuram guiar-se, em parte, pelas supostas intenções dos legisladores que promulgam a lei e, em parte, pelo que presumem, em sua concepção, ser de interesse público.[20]

Diferem as definições aclaradoras das lexicográficas na medida em que transcendem o(s) uso(s) nestas designado(s) – que não é suficiente para os casos limítrofes – e distinguem-se, ainda, das estipulativas porque têm a liberdade de estipulação parcialmente tolhida pelos constrangimentos interpretativos impostos pelo uso já estabelecido do termo.

---

20. COPI, Irving M. *Introdução à Lógica*. São Paulo: Mestre Jou, 1981, p. 118. Sublinhei.

Como anota IRVING COPI em seu exemplo, trata-se de definição cujo emprego é muito utilizado no discurso jurídico, em especial no que diz respeito ao campo de aplicação das normas. De fato, dada a necessidade que tem o sujeito competente de fundamentar sua interpretação da norma que pretende fazer incidir, deve ele acudir-se de outros dispositivos e outros documentos jurídicos que, a um só tempo, legitimam a sua construção de sentido e constrangem sua liberdade estipulativa.

A compreensão do papel desses constrangimentos e da persistência de um *quantum* de estipulação no uso das definições aclaradoras mostrar-se-á muito importante, notadamente no Capítulo Terceiro, ao tratarmos dos constrangimentos que têm o legislador e o aplicador para definir o lugar de um tributo seja em termos abstratos, seja na concretude de um caso.

### 2.1.4. *Definições teóricas*

COPI chama de *teóricas* ou *analíticas* as definições que somente adquirem sentido em meio a um dado modelo teórico, desconformando-se do uso comum e adaptando-se àquele modelo de proposições empregados no contexto do pensamento de um autor ou uma escola de pensamento. Assinala as diferenças desse tipo de definição em relação aos demais com um exemplo:

> Os que têm alguns conhecimentos das teorias de Platão reconhecerão que as definições que descreveu como sendo, continuamente, procuradas por Sócrates não eram estipulativas, nem lexicográficas, nem aclaradoras, mas, sim teóricas. Sócrates não estava interessado em qualquer informação estatística sobre o modo como as pessoas usavam a palavra "justiça" (ou "coragem", ou "temperança", ou "virtude"); mas, ao mesmo tempo, insistia em que toda definição proposta devia estar em consonância com o uso

> real. Tampouco estava interessado em dar definições precisas desses termos, pois os casos limítrofes não eram enfatizados. Definir termos tais como "bom", "verdadeiro" e "belo" é o anseio de muitos filósofos. O fato de eles discutirem as definições propostas por outros indica que não procuram meramente as definições estipulativas. Também não buscam definições lexicográficas, porque, se assim fosse, a simples consulta aos dicionários ou as pesquisas de opinião pública sobre o uso da palavra bastariam para resolver o assunto. Realmente não é uma definição aclaradora do termo o que se procura, como se demonstra com os casos limítrofes, e apesar disso divergirem quanto ao modo como a palavra "bom" deve ser definida. Os filósofos, tal como os cientistas, interessam-se principalmente pela construção de definições teóricas.[21]

As proposições elaboradas pelos cientistas para exprimir o significado de expressões como *norma jurídica* ou *ordenamento jurídico* bem ilustram usos dessa sorte de definição.

Aqui também o juízo de verdade fica comprometido, pois a só compreensão do termo pressupõe uma tomada de posição que reconheça e aceite os pontos de partida do discurso no qual estão essas definições. Com efeito, careceria de sentido infirmar o conceito de República formulado por Platão a partir da menção a dispositivos da Constituição da República Federativa do Brasil, precisamente porque não se presta a ideia clássica da filosofia grega à descrição da República Federativa do Brasil.

### 2.1.5. *Definições persuasivas*

Para concluir os tipos de definição apontados por COPI, falta tratar das chamadas definições *persuasivas*. São essas produzidas para influenciar emoções e atitudes daqueles que

---
21. *Op. Cit.*, p. 117.

com elas travam contato. Quando se enuncia "*Rui Barbosa é a definição de um bom jurista*" ou "*A Constituição da República Federativa do Brasil é a materialização da igualdade e da justiça*", pretende-se evocar, no interlocutor, bons sentimentos e até mesmo provocar uma atitude de respeito ao objeto definido.

Essa sorte de definição aparece no discurso jurídico muitas vezes para expressar os valores que devem influir no labor interpretativo dos estudiosos e aplicadores do direito. Conquanto sejam incapazes de exprimir um todo de significação deôntica, essas definições contribuem ao explicitar os núcleos axiológicos em torno dos quais se deve interpretar os demais enunciados do sistema jurídico na construção de suas normas.

## 2.2. Conotação, denotação e técnicas para construir definições

Os tipos de definição acima elencados mais dizem respeito à sua função, isto é, ao que com eles se pretende fazer do que, propriamente, a maneira como eles são produzidos. Numa definição há dois modos de significar os objetos e, assim, é possível discernir duas maneiras de construí-las: pela conotação e pela denotação.

Para diferençar esses conceitos, IRVING COPI explica que:

> Num certo sentido, o significado de um termo consiste na classe de objetos a que o termo pode ser aplicado. Este sentido da palavra "significado", o seu sentido referencial, tem recebido tradicionalmente o nome de significado extensivo ou denotativo. Um termo genérico ou de classe denota os objetos a que pode corretamente ser aplicado, e a coleção ou classe desses objetos constitui a extensão ou denotação do termo.
>
> [...]

> As propriedades possuídas por todos os objetos que cabem na extensão de um termo recebem o nome de intensão ou conotação desse termo. Os termos genéricos ou de classe têm um significado intensivo ou conotativo e um extensivo ou denotativo. [22]

Se deixarmos de lado o critério classificatório da função e submetermos as definições ao discrímen das técnicas de significação empregadas na construção do *definiens*, logo veremos que é possível identificar duas classes de definições: (1) as denotativas, construídas pelo exemplo, enumeração de subclasses ou ostensivamente, e; (2) as conotativas, elaboradas pela sinonímia ou pela enumeração de atributos que marcam todos os componentes do gênero e a enunciação da diferença específica.

COPI subdivide-as em 6 diferentes conjuntos, mas para os fins desta exposição, especial atenção deve ser dirigida às definições conotativas, em especial a duas de suas subclasses: as definições *operacionais* e aquelas construídas *por gênero e diferença*.

### 2.2.1. Definições operacionais

São chamadas *operacionais* as definições que somente podem ter sentido inseridas num contexto de operações que relacionem o objeto definido com outras grandezas de semelhante aspecto, mas que nada significariam na ausência do elemento comparativo. Fez-se assim com as medidas de tempo e espaço:

> Considerou-se mais proveitoso e fecundo definir espaço e tempo por meio das operações usadas para medir distâncias e durações. Uma definição operacional de um termo

---

22. *Op. Cit.*, p. 119.

estabelece que o termo é aplicável a um determinado caso se somente a realização de operações específicas e apropriadas a esse caso produzir um resultado específico. Por exemplo, os diferentes valores numéricos de uma quantidade tal como o comprimento são operacionalmente definidos por referência aos resultados de operações específicas de medição.[23]

Fosse desprezado o contexto das operações de medição, nenhum sentido teria afirmar que um dado objeto tem 1 metro. Fora de uma atividade mensuradora que dite o contexto por meio de outras operações públicas e repetíveis, 1 metro nada significa.

Não tardará o leitor atento em perceber que, no contexto do direito, as definições operacionais desempenham importante papel na fixação de limites territoriais, intervalos de vigência, datas de pagamento, fixação de alíquotas, dentre outros expedientes sem os quais não se poderia operar a atividade instituidora de relações jurídicas. Seu conhecimento mostrará a devida importância no curso dos Capítulos Segundo e Terceiro deste livro, em especial no que diz respeito à função do território e aos mecanismos que auxiliam a mensuração de condutas.

### 2.2.2. *Definições por gênero e diferença*

A segunda subclasse que quero destacar é chamada *definição por divisão* – também chamada de *analítica, por gênero e diferença* (*per genus et diferentia*) ou apenas *conotativa*. Nesse contexto, chama-se *gênero* ao conjunto que alberga as subclasses, denominando estas de *espécies*. Define-se algo com o emprego dessa técnica tomando os atributos do gênero – frequentemente omitidos ou muito brevemente enunciados na

---

23. *Op. Cit.*, p. 127.

composição frásica – e agregando-lhe as particularidades próprias da espécie, a sua *diferença específica*.

Esse tipo de definição é largamente utilizado nas cadeias de positivação para justificar o processo lógico de subsunção que reside em cada processo de incidência normativa. A motivação das decisões, judiciais ou administrativas, costuma servir-se desses expedientes: para justificar a subsunção que reside em cada incidência, ou mesmo para explicar as razões pelas quais é dado tratamento excepcional a uma dada situação, observa-se, quase sempre o emprego de definições por gênero e diferença.

Como se vê, o tema está intimamente relacionado ao procedimento lógico de classificar e, por esse motivo, merece ser melhor explicado no tópico ulterior, juntamente com as regras que devem presidir a elaboração de classificações.

### 3. Teoria das classes

TÁREK MOUSSALLEM afirma, citando IRVING COPI, que a noção de classe é básica demais para ser definida em termos de conceitos mais fundamentais. Isso porque classe e conceito são noções muito aproximadas, pois todo conceito dá ensejo a duas classes ou conjuntos: a dos elementos que o integram e a dos elementos que não o integram.[24]

A relação de pertinência ou não a um conjunto, por vezes descrita como *campo de aplicação* do conceito, é resultado da aplicação de um critério de pertinência, que também pode ser chamado de definição do conjunto. Por isso, a operação lógica de *definir* muito se aproxima ao ato de *classificar*: cada vez que definimos um termo, criamos uma classe – a dos objetos que se adequam a essa definição – e explicitamos o critério que regula a pertinência dos elementos a esse conjunto.

---

24. MOUSSALLEM, Tárek. *Revogação em Matéria Tributária*. São Paulo: Noeses, 2011, p. 44.

A cada nome, corresponde uma classe, como explica PAULO DE BARROS CARVALHO:

> Ora, se dissemos e redissemos que nossa realidade é constituída pela linguagem; que o mundo jurídico se estabelece pela linguagem do direito; <u>claro está que as unidades desses sistemas sígnicos, em grande parte nomes, gerais e próprios, são classes que exprimem gêneros ou espécies e, como tais, passíveis de distribuição em outras classes, segundo, evidentemente, as diretrizes do critério escolhido para a divisão</u>. Com os recursos da classificação, o homem vai reordenando a realidade que o cerca, para aumentá-la ou para aprofundá-la consoante seus interesses e suas necessidades, numa atividade sem fim, que jamais alcança o domínio total e a abrangência plena. E salientamos esse caráter reordenador porque assim como a classificação pressupõe a existência de classe a ser distribuída em sub-classes, o aumento ou aprofundamento da realidade, como algo constituído pela linguagem, antessupõe também a afirmação da própria realidade enquanto tal.[25]

Classe e conjunto, no contexto de muitos estudos lógicos, aparecem como sinônimos. É importante esclarecer: porque são produto de operação lógica, nenhum conjunto *existe* na natureza, são apenas construções intelectivas, criadas pelo esforço humano de agrupar racionalmente os elementos percebidos em compartimentos intelectualmente construídos.

Da mesma forma que a classe não existe no mundo, também os elementos dos conjuntos não se devem confundir com as coisas no mundo. Isso porque, sendo fruto de atividades intelectivas de corte que permitem separar o contínuo heterogêneo em unidades de um descontínuo homogêneo, o elemento não é propriamente a coisa, mas a ideia que dela

---

25. CARVALHO, Paulo de Barros. *Direito Tributário, Linguagem e Método*. São Paulo: Noeses, 2011, pp. 121-122. Destaquei.

faz o sujeito segundo a maneira que percebe o mundo. Portanto, em uma dada classe não estão *coisas*, mas sim as ideias que se faz sobre elas, os conceitos.

Ter bem aclaradas as noções sobre o procedimento de classificar, se não é condição para falar sobre o fenômeno jurídico – pois há quem o faça sem sabê-lo –, é importante instrumental para melhor compreender o funcionamento das normas jurídicas. Isso porque, como ensina LOURIVAL VILANOVA, o direito:

> [...] é uma técnica de esquematizar classes de condutas para poder dominar racionalmente a realidade social. Generaliza em esquemas abstratos a vida em sua concreção existencial, para ofertar a possibilidade de previsão de condutas típicas, indispensável à coexistência social. [26]

É justamente por meio da construção de classes que o direito opera para ordenar – no sentido de selecionar, agrupar, organizar, pôr em ordem, *classificar* – as condutas e atribuir-lhe efeitos, imputando relações aos indivíduos subordinados a suas regras e que, por isso mesmo, são chamados sujeitos.

Dois aspectos interessam especialmente ao estudo da teoria das classes e sua aplicação no direito: as regras lógicas que devem presidir esse processo e as operações realizadas entre classes, em especial, aquela chamada inclusão.

## 3.1. Sobre o ato de classificar e as regras que presidem esse processo lógico

Muito se fala que não existem classificações certas ou erradas, mas sim úteis ou inúteis. Há, no entanto, a possibilidade de que o argumento classificatório apresente falácias, resultado

---

26. VILANOVA, Lourival. *As Estruturas Lógicas e o Sistema do Direito Positivo*. São Paulo: Noeses, 2005, p. 252. É minha a sublinha.

da inobservância de alguns requisitos lógicos que devem orientar esse tipo de trabalho.

PAULO DE BARROS CARVALHO identifica as seguintes regras que devem presidir o processo classificatório e cuja inobservância provocará erros capazes de macular o raciocínio e prejudicar a comunicação:

> 1) A divisão há de ser proporcionada, significando dizer que a extensão do termo divisível há de ser igual a soma das extensões dos membros da divisão. 2) Há de fundamentar-se num único critério. 3) Os membros da divisão devem excluir-se mutuamente. 4) Deve fluir ininterruptamente, evitando aquilo que se chama "salto na divisão".[27]

Para que seja possível orientar o procedimento classificatório e bem apreendê-lo, é preciso que, a essas noções, sejam agregadas e esclarecidas as seguintes ideias: (a) conjunto universo e (b) critério classificatório.

Chama-se conjunto universo aquele que comporta todos os elementos apreciáveis. Não se deve confundir com uma totalidade absoluta, mas uma totalidade dentro do contexto de um discurso, como acentua CEZAR MORTARI:

> É preciso aqui fazer um comentário a respeito do assim chamado 'universo'. Na verdade, não existe um conjunto universal, contendo todas as entidades do universo – o qual incluiria os outros conjuntos e também a si mesmo. Assim, <u>ao falarmos de 'conjunto universo', queremos com isso indicar apenas o conjunto das entidades que nos interessa estudar num certo momento: o universo do discurso de uma certa situação.</u> [...] o assim chamado conjunto universo é sempre relativo a uma situação específica.[28]

---

27. CARVALHO, Paulo de Barros. *Direito Tributário, Linguagem e Método*. São Paulo: Noeses, 2011, p. 120.
28. MORTARI, Cezar. *Introdução à Lógica*. São Paulo: UNESP, 2001, p. 45. Sublinhei.

Citando as lições de ALBERT MENNE, TÁREK MOUSSALLEM assim explica aquilo que se quer dizer com a expressão *universo do discurso*:

> A classe universal forma o denominado "universo do discurso", isto é, na acepção de ALBERT MENNE, <u>"a esfera de coisas que há de ser postas em consideração"</u>. A título exemplificativo, a classe universal ou universo do discurso, na Ciência do Direito, em sentido estrito, é formada pelas normas jurídicas. No interior do direito positivo podem-se tomar os "tributos", os "contratos", os "crimes" como universo do discurso de acordo com o corte metodológico pressuposto.[29]

Como adiantei páginas atrás, todo *critério classificatório* é, de alguma forma, também definitório, equivalendo a uma definição que, seja pela via da conotação, seja pelo caminho da denotação, trata de uma propriedade comum aos elementos de um conjunto. Dessa maneira, é possível afirmar que a *pertinência ao conjunto* e o *ter a propriedade traçada pelo critério classificatório* possuem uma relação muito estreita, como acentua MORTARI:

> Há uma relação muito estreita entre ter uma certa propriedade e pertencer a um certo conjunto (e, como você vai ver depois, entre relações em geral e certos tipos de conjuntos). De fato, poderíamos dizer que, *grosso modo*, uma propriedade determina um conjunto.[30]

Aquilo que se fala sobre as classificações, a respeito de serem úteis ou inúteis, seria melhor aproveitado à escolha do critério classificatório. As classificações podem ser *formalmente* certas ou erradas, em função do atendimento das regras

---

29. MOUSSALLEM, Tárek. *Revogação em Matéria Tributária*. São Paulo: Noeses, 2011, p. 48.
30. MORTARI, Cezar. *Introdução à Lógica*. São Paulo: UNESP, 2001, p. 44.

lógicas, mas elas serão *materialmente* úteis ou inúteis a depender do juízo de utilidade que se faça sobre o critério eleito para dividir o conjunto universo.

IRVING COPI[31] aponta cinco regras para construir uma definição por gênero e diferença que seja *útil* e, dada a relação estreita que há entre os processos de definir e classificar, elaborar-se também um critério que possa produzir classificações úteis: (1) deve-se indicar os atributos essenciais da coisa – o que não quer dizer que deva ser elemento intrínseco desta, podendo ser algo relacionado à sua origem, sua relação com outras coisas ou a sua finalidade; (2) não deve ser circular, isto é, deve evitar-se a repetição do *definiendum* e suas variações no *definiens*; (3) não deve ser excessivamente ampla, pois assim em nada reduziria a complexidade do mundo, nem excessivamente estreita, pois a nada se aplicaria; (4) deve-se evitar a ambiguidade, obscuridade e uso de linguagem figurada, tudo em nome da maior objetividade; e (5) não deve ser negativa quando puder ser afirmativa.

## 3.2. Classe, subclasse e limites lógicos à operação de inclusão de classes

Esclarecidas as regras lógicas e a importância da seleção de um critério classificatório que seja útil, resta falar a respeito das operações que se fazem com classes e, para os fins deste trabalho, interessa especialmente aquela denominada *inclusão de classes*.

Quando se diz que uma classe inclui a outra é porque a primeira carrega em seu interior a segunda e, logo, os elementos desta pertencem àquela. À classe maior, chama-se superclasse, à menor, subclasse, mas é mais comum encontrar as denominações *gênero* para referir-se às primeiras e *espécie*

---

31. COPI, Irving. *Introdução à Lógica*. São Paulo: Mestre Jou, 1981, pp. 130-134.

para tratar das segundas. Sobre esses termos, IRVING COPI explica que:

> Os termos "gênero" e "espécie" são usados freqüentemente em referência a essas divisões: a classe cujos membros se dividem em subclasses é o *gênero* e as diversas subclasses são as *espécies*. Tais como usadas aqui, as palavras "gênero" e "espécie" são termos *relativos*, como "pai" e "filho". Tal como a mesma pessoa é pai em relação a seus filhos e filho em relação a seus pais, também a mesma classe pode ser um gênero em relação às suas subclasses e uma espécie em relação a alguma classe mais ampla da qual seja uma subclasse.[32]

É muito importante observar dois aspectos: (a) que as condições de gênero e espécie são *relativas* e (b) que tanto uma como outra são *classes*.

A primeira das notas é importante para lembrar que as operações de inclusão de classes podem ser sucessivas e, com isso, a espécie cindida em um instante pode ser o gênero cindível em outro momento (e.g. a pessoa jurídica é espécie do gênero pessoas de direito, mas é gênero do qual podem ser espécies as sociedades empresariais, as sociedades civis, as associações, as pessoas de direito privado etc.).

A segunda nota, estreitamente relacionada à primeira, é a de que gênero e espécie serão sempre classes, ainda que a extensão do conjunto formado sugira uma classe unitária (seguindo o exemplo anterior, existe a classe das pessoas jurídicas de direito público organizadas sob a forma de distrito federal, ainda que o preenchimento dessa classe seja feito por um só elemento).

E porque são classes – ainda que unitárias –, na operação de inclusão de classes não temos uma coisa, um objeto, sendo

---

32. *Op. Cit.*, p. 128.

incluído numa classe, mas tão somente uma classe sendo incluída em outra. As classes são construções lógicas, sem existência real, de modo que também as espécies o serão e é esse o motivo pelo qual não se pode afirmar que sejam as coisas ou os acontecimentos que participam da operação de inclusão de classes a que chamamos subsunção. Como bem explica PAULO DE BARROS CARVALHO:

> Aquilo que se convencionou chamar de "incidência" é, no fundo, uma <u>operação lógica entre conceitos conotativos (da norma geral e abstrata) e conceitos denotativos (da norma individual e concreta)</u>. É a relação entre o conceito da hipótese de auferir renda (conotação) e o conceito do fato de uma dada pessoa "A" auferir renda no tempo histórico e no espaço do convívio social (denotação). <u>Exatamente porque se dá entre conceitos de extensão diversa, tal operação é conhecida como "inclusão de um elemento" (o fato protocolarmente identificado) na classe correspondente, expressa no enunciado conotativo da hipótese tributária. Utiliza-se também a palavra "subsunção" para fazer referência a esse processo do quadramento do fato na ambitude da norma.</u>[33]

A subsunção, como processo integrante da incidência normativa, ocorre, *sempre*, entre conceitos, noções, ideias que se fazem dos objetos a partir das características cortadas e percebidas pelo sujeito cognoscente. Um deles estará versado em linguagem conotativa, outros em termos denotativos, mas ambos conceitos.

## 4. Que se entende por *direito* e por *Direito* neste *texto*

Dando seguimento ao raciocínio e para que se possa melhor dirigir os cortes epistemológicos dentro dos quais se demarcará o objeto deste trabalho, convém esclarecer aquilo que se entende por direito e por Direito.

---

33. CARVALHO, Paulo de Barros. *Direito Tributário, Linguagem e Método*. São Paulo: Noeses, 2011, p. 153.

É possível identificar, no uso da palavra em meio à comunidade falante de língua portuguesa, as seguintes acepções, como enumeradas por ANTONIO HOUAISS: (i) complexo de leis ou normas que regem as relações entre os homens; (ii) ciência ou disciplina jurídica que estuda as normas; (iii) faculdade de praticar um ato, de possuir, usar, exigir, ou dispor de alguma coisa; (iv) legitimidade; (v) que segue a lei e os bons costumes, justo, correto, honesto; (vi) de conduta impecável; (vii) sem erros, certo, correto; (viii) vertical, aprumado, empertigado; (ix) lado oposto ao coração; (x) justiça; (xi) jurisprudência; (xii) conjunto de cursos e disciplinas constituintes do curso superior que forma profissionais da lei; (xiii) educadamente, bem, atenciosamente.[34]

Nem todas elas serão úteis ao desenvolvimento desta pesquisa, mas para que se tenha presente desde o primeiro instante a precisão terminológica, que aparece como requisito indispensável ao trato científico de uma matéria, convém elucidar o sentido que se pretende atribuir com o uso da palavra. Assim, no curso deste texto, empregar-se-á a palavra direito, com letras minúsculas, para designar o direito positivo, ou seja, o conjunto de textos – em sentido amplo – que dão forma ao ordenamento jurídico positivo. Para chamar à ciência que estuda o objeto, far-se-á uso da expressão grafada com a inicial maiúscula, Direito. Às demais acepções do termo, quando for preciso a elas referir-se, será deixada a distinção a cargo de predicados que possam auxiliar o intérprete em sua identificação.

## 4.1. Direito e linguagem

Pois bem, sobre o direito e o Direito, há de se ter presente que um e outro têm na linguagem o seu dado constitutivo,

---

34. HOUAISS, Antonio. *Dicionário Houaiss da Língua Portuguesa*. Rio de Janeiro: Objetiva, 2009.

formando assim, domínios de linguagem, discursos, diferentes. De fato, se tomássemos um exemplar sobre a mesa do Código Civil e apontássemos em sua direção afirmando "*eis o Código Civil Brasileiro*", haveria de ser expressiva a concordância de que ali estaria registrado o conjunto de normas a que convencionamos chamar Código Civil. Mas, e se dele tirássemos as palavras? Que restaria? Socraticamente indagou GREGORIO ROBLES para logo em seguida responder ao falar sobre o direito:

> [...] sua essência consiste em palavras, sem as quais não é nada. Retiremos as palavras do código civil: não sobra nada. Suprimamos as palavras da constituição: não sobra nada. Esqueçamos as palavras de um contrato ou de uma escritura pública: não sobra nada. E não se trata de uma prova contundente apenas em relação ao direito escrito, que é parte mais substancial de todo o direito moderno. Retiremos as palavras do costume: o que resta dele? Um comportamento carente de significado, porque o que configura o costume não é o comportamento habitual de uma comunidade, mas o significado obrigatório de tal comportamento, e o significado só é possível mediante sua vinculação às palavras.[35]

Da mesma forma, tirássemos as palavras dos sessenta e um volumes do *Tratado de Direito Privado* de Pontes de Miranda, tampouco – além de (muito) papel, barbante, cola, papelão e outros materiais empregados na confecção dos volumes – nada restaria. Não seria possível dizer sequer que houve o esforço científico do alagoano para conhecer o direito.

O exemplo do professor basco empresta clareza àquilo que se quer afirmar: sem o texto – e a partir dele estendemos: as palavras, a linguagem – não haveria direito e, muito menos, Direito.

---

35. ROBLES, Gregorio. *O que é a Teoria Comunicacional do Direito*. In: *O Direito como Texto*. São Paulo: Manole, 2005, p. 48.

A tomada de consciência – que é sempre uma tomada de posição, muito embora uma posição possa ser também assumida inconscientemente – de que o direito é texto e, portanto, constructo linguístico, faz com que a tarefa conhecê-lo implique necessariamente as três etapas sequenciais do processo hermenêutico: *leitura, interpretação* e *compreensão*. Nesse sentido, conhecer o direito é, em última instância, compreendê-lo, e produzir ciência a seu respeito é elaborar enunciados que documentem esse processo pelo emprego de formas linguísticas capazes de emprestar forma ao material hilético, que é o pensamento do estudioso.

## 4.2. O direito como linguagem prescritiva de condutas

Mas direito e linguagem não têm campos semânticos idênticos, de maneira que dizer "direito é linguagem" não bastará à definição do objeto que se pretende colocar sob parênteses metódicos. É preciso apontar mais atributos que refinem os critérios com que se denota o fenômeno, dirigindo a atenção do interlocutor precisamente ao objeto que se pretende isolar.

O direito, sendo linguagem, há de pressupor uma intenção, um propósito, para a comunicação. Conhecer dessa função é indispensável à boa compreensão da mensagem que integra o processo comunicativo não só do direito, mas de todo subsistema linguístico. Para imprimir rendimento aos estudos desse aspecto utilitário da linguagem, os linguistas categorizam, segundo o objetivo do discurso, diferentes *funções de linguagem*.

Nesse ponto, é oportuna a menção ao professor pernambucano LOURIVAL VILANOVA,[36] para quem o direito tem por propósito: "[...] *dominar racionalmente a realidade social.*" E o faz por meio da criação de "*esquemas abstratos* [d] *a vida*

---

36. VILANOVA, Lourival. *As Estruturas Lógicas e o Sistema do Direito Positivo*. São Paulo: Noeses, 2005, p. 252.

*em sua concreção existencial, para ofertar a possibilidade de previsão de condutas típicas, indispensável à coexistência social".*

É, portanto, com o propósito de *dominar, conduzir, dirigir, ordenar* uma dada realidade social que o direito constrói seus esquemas, recortando a facticidade ordinária para organizá-la sob a forma de tipos aos quais imputa consequências, sempre segundo o esquema lógico de um juízo hipotético-condicional (*se H então C*, ou em linguagem formalizada, $H \rightarrow C$).

Ao fazê-lo, o direito despoja-se da complexidade do fenômeno social para, com fins operativos, reduzir seus traços componentes apenas àqueles indispensáveis à construção do fato jurídico, desprezando todo o demais para a configuração de suas figuras típicas e a imputação da consequência prescrita. É por isso que PONTES DE MIRANDA adverte:

> Todos os fatos jurídicos têm conteúdo e forma. Mas só a forma dos atos jurídicos é relevante para o direito. Qualquer que seja a forma com que se morre, o que importa é o fato da morte, como só importa o fato do nascimento ou o ato-fato da tomada de posse ou do pagamento.[37]

A finalidade de controlar é instrumentada pelo emprego da linguagem com predomínio de sua função *prescritiva*. É por meio dela que se emitem ordens, comandos, diretivas para o comportamento humano, criando-se condutas e *imputando-lhe efeitos* por meio do conectivo deôntico a que se convencionou chamar dever-ser. Rigorosamente, só existe uma conduta jurídica porque os textos – na explicitude ou implicitude de seus termos – a criam para integrar um comando normativo, podendo-se dizer o mesmo quanto à relação consequente. Com efeito, somente há, por exemplo, a figura jurídica "renda" quando o

---

37. PONTES DE MIRANDA, Francisco Cavalcanti. *Tratado de Direito Privado*. V. 3. Rio de Janeiro: Borsoi, 1962, p. 346.

direito a definir e, ainda, imputar-lhe uma consequência, como o pagamento do tributo correspondente. Inexistissem tais prescrições, não haveria o imposto em questão e careceria de propósito qualquer iniciativa para apurar-se quê significa renda no contexto da investigação do subsistema tributário de um país, como, aliás, sucede no ordenamento monegasco.

Cabe ao functor deôntico, representado na fórmula pelo conector condicional (→, por vezes representado com a notação ⊃), importante papel para conduzir aquilo que a realidade social expressa em termos de "ser" em direção àquilo que os valores dominantes em um dado intervalo histórico consideram ser o estado ideal das coisas. O dever-ser encontra seu espaço entre o real e o ideal, como já escrevera ÁLVARO RIBEIRO,[38] servindo de ponte para que o homem ultrapasse as dificuldades que o mundo circundante opõe à sua imaginação criativa. As prescrições deônticas servem ao homem para que ele carregue o seu ímpeto transformador e possa imiscuir, em sua vida e na dos demais, os valores que prefere. Essas considerações inserem o direito em meio a um subgrupo de discursos cuja nota característica é o verter-se em linguagem prescritiva para dirigir a conduta intersubjetiva.

### 4.3. Do remate e sobre a importância desse corte

Já nas primeiras páginas de seu *Teoria Pura do Direito*, HANS KELSEN destaca a importância de que, na formulação do discurso jurídico, seja bem feito o esforço de demarcar seu objeto, separando-o da influência dos juízos oriundos de outros campos especulativos:

> De um modo inteiramente acrítico, a jurisprudência tem-se confundido com a psicologia e a sociologia, com a ética e a teoria política. Esta confusão pode porventura explicar-se

---
38. RIBEIRO, Álvaro. *Estudos Geraes*. Lisboa: Guimarães Editora, 1961.

pelo fato de estas ciências se referirem a objetos que indubitavelmente têm uma estreita conexão com o Direito. Quando a Teoria Pura empreende delimitar o conhecimento do Direito em face destas disciplinas, fá-lo não por ignorar ou, muito menos, negar essa conexão, mas porque intenta evitar um sincretismo metodológico que obscurece a essência da ciência jurídica e dilui os limites que lhe são impostos pela natureza do seu objeto.[39]

O direito é norma. O fato, para que seja relevante juridicamente, deve ser construído como norma. E também os valores, para que possam influir decisivamente na construção do direito, ao transpor o processo político de produção normativa, devem também encontrar seu corpo enquanto enunciados de normas.

Com essa assertiva, assim como o professor de Praga, não se pretende negar a importância ou utilidade dos estudos interdisciplinares, sobretudo nos processos políticos decisórios que devem antessupor a produção normativa ou orientar a tomada de decisão individual no contexto das condutas intersubjetivas. Quer-se com isso afirmar que, mesmo o interdisciplinar pressupõe o adequado trato do conhecimento disciplinar, devendo as construções dentro de um corpo científico ater-se ao método que lhe corresponda, pois o emprego de expedientes metodológicos diversos implicaria a construção de objeto também diferente e, portanto, incomparável.

Isso porque o emprego de um ou outro método conduz à demarcação de objetos diversos, realidades diferentes que, por isso mesmo, não podem ser estudadas segundo a perspectiva de outra metodologia que não aquela adotada para cortá-lo. Ter consciência do método é ter conhecimento dos limites do objeto analisado, cindindo-o do contínuo heterogêneo em um

---

39. KELSEN, Hans. *Teoria Pura do Direito*. São Paulo: Martins Fontes, 2009, pp. 1-2. Grifei.

contínuo homogêneo, como sugeria RICKERT, para que só então seja possível estudá-lo.

Refuta-se, com isso, a *mancebia irregular de métodos* que ALFREDO AUGUSTO BECKER[40] denunciava em seu *Teoria Geral do Direito Tributário* e que ainda hoje perturba a produção jurídica não apenas científica-dogmática, como também o raciocínio dos sujeitos competentes para conduzir a incidência tributária.

Muitos dos problemas que aparecem no curso da aplicação têm sua origem no esquecimento dessa premissa epistemológica com que muitos hão de concordar – e até mesmo tomá-la por óbvia –, mas são poucos aqueles que, em nossos dias, conseguem levá-la até suas últimas consequências, não se deixando influir por proposições elaboradas a respeito de outros objetos, como o da economia, da contabilidade ou o da política.

Aquilo que pode ser visto, ao mesmo tempo, pela Política, Economia, Direito ou qualquer ciência que se pretenda empregar, é o evento. O fato, sendo construção linguística feita por meio de um código próprio, será sempre "colorido", para empregar a expressão de PONTES DE MIRANDA,[41] por uma ciência, inexistindo o chamado "fato puro".

## 5. Fórmulas e conhecimento

VILÉM FLUSSER, em seu *Língua e Realidade*, diz que o homem nasce na desordem: seu aparato sensorial o inunda constante e ininterruptamente com informações desorganizadas, "brutas", correspondendo, aproximadamente, ao "caos de sensações" que KANT já descrevera.[42] O ser humano, para não

---

40. BECKER, Alfredo Augusto. *Teoria Geral do Direito Tributário*. São Paulo: Noeses, 2010, *passim*.
41. PONTES DE MIRANDA, Francisco Cavalcanti. *Tratado de Direito Privado*. V. 1. Rio de Janeiro: Borsoi, 1968, *passim*.
42. FLUSSER, Vilém. *Língua e Realidade*. São Paulo: Annablume, 2007. KANT, Immanuel. *Crítica da Razão Pura*. Lisboa: Calouste-Gulbenkian, 1989.

se perder em meio a tantos dados que se multiplicam incessantemente, deve filtrá-los, ignorar uns, selecionar outros, organizando-os de modo a produzir estruturas mais simples, às quais seja possível atribuir sentido. Só assim, pode ordenar esses recortes do contínuo heterogêneo e inaugurar sua consciência, possibilitando a apreensão do mundo que o rodeia. A consciência, pelo esforço de selecionar e ordenar as sensações, articulando-as em uma rede de sentidos, *faz* o mundo a partir de uma redução organizada do *caos*.

Essas operações que possibilitam transformar *caos* em *mundo* são realizadas pelo emprego de um aparato desenvolvido e aperfeiçoado pelo ser humano ao longo de toda sua trajetória evolutiva: a linguagem. O homem sempre conhece pelo emprego da linguagem, que lhe permite recolher o dado intuído sensivelmente e articulá-lo em estruturas que serão saturadas de sentido, formando uma proposição. Daí que conhecer, em uma de suas acepções mais conhecidas, é a capacidade de emitir proposições sobre algo.

Ainda que ocorra uma maçã madura cair da macieira, é a observação do homem seguida da enunciação desta que lhe permitem dizer a outra pessoa *"a maçã caiu"* e inserir esse acontecimento no mundo. Não dispusesse a outra pessoa de um relato, seu ou de outrem, nada poderia afirmar sobre a queda da maçã.[43] Dentre várias concepções possíveis, é correto dizer que o mundo é formado pelo conjunto de acontecimentos e, logo, de proposições.

Foi pelo emprego da linguagem, formulando proposições, que GALILEO GALILEI pôde registrar as informações que seus sentidos lhe ofereciam e perceber que os objetos caem, independentemente da massa que tenham, com a mesma aceleração. Foi também com o emprego da linguagem que ISAAC NEWTON

---

43. Vale insistir que não se defende, com isso, a tese nihilista: nada afirmar significa a impossibilidade de emitir qualquer juízo sobre a ocorrência, seja seu acontecimento ou não acontecimento fora de um contexto de linguagem.

descreveu esse comportamento, esmiuçando a relação que havia entre os componentes estudados e enunciando a existência de uma força – a gravidade – que, sendo física, estaria também regida pela fórmula conhecida como 2ª lei de Newton: $\vec{F}=m.a$ (em que $\vec{F}$ está para a força, $m$ para a massa do objeto e $a$ para a aceleração).

A explicação de NEWTON, por mais revolucionária que tenha sido, não mudou a forma como as maçãs caem das macieiras e nem o poderia: *é linguagem* e, como tal, não toca as coisas de que fala. Contudo, a teoria newtoniana abriu ao homem as portas para o avanço do *conhecimento sobre* aquele fenômeno. Isto é, permitiu-lhe o entendimento sobre que fatores estão diretamente relacionados e quais são irrelevantes, fornecendo instrumental valioso para a elaboração de cálculos que possibilitam previsões acuradas dos elementos que precisam ser mobilizados, por exemplo, para a construção de muitas maravilhas da engenharia moderna e contemporânea.

Às perguntas *"Newton esgotou o assunto?"*, *"mostrou a realidade como ela é?"* descabem a objetividade taxativa de respostas como *sim* e *não*. Tendo em vista seu propósito, de descrever a força que atrai dois corpos considerando a relação que existe entre massa e aceleração, podemos dizer que ele foi bem-sucedido em seu tento. Mas a história da física mostra que muitos vieram depois dele e, levando em conta outros aspectos envolvidos na queda dos corpos físicos e com apoio nas fórmulas do próprio NEWTON, desenvolveram diferentes setores da física como a aerodinâmica, a astronomia física, a hidrodinâmica, cada um deles com suas fórmulas e descrições mais refinadas, apropriadas ao objeto que descreviam... Essa é uma característica da linguagem em relação ao real: ela não esgota a coisa que descreve, porquanto evidencia somente parte dele, os relatos linguísticos recolhem somente uma parte de algo que é uno e irrepetível e servem de base à construção de outros relatos dele derivados. Daí ser possível, a partir do contato com uma mesma coisa, a formação de um número infinito de proposições distintas.

As proposições formadas a partir de uma mesma ocorrência não serão sempre as mesmas: cada uma recorta e articula os dados sensíveis segundo certas regras que lhe impõem uma estrutura a qual será saturada de significação segundo um certo repertório. As regras estruturais e a variabilidade do repertório ditam aquilo que é relevante à observação para que possa um sujeito conhecer o fenômeno de seu interesse. Para a física de Newton, não importava saber se a maçã que caiu era verde ou vermelha, se tinha cheiro azedo ou doce, se estava ou não maculada por um verme... interessa tão só sua massa, justamente porque a fórmula da queda livre dos objetos é $\vec{P}=m.g$ (em que $\vec{P}$ está para a força peso, $m$ representa a massa de um objeto e $g$ a constante da aceleração gravitacional).

Toda proposição, por ser formada dentro de um panorama de linguagem, está sujeita a certas regras que lhe prescrevem estrutura e léxico. Essas regras são chamadas, pela semiótica, de *sintagmáticas* e *paradigmáticas* que ditam, respectivamente, as formas de combinar os signos (sintaxe) e quais deles podem ser utilizados (semântica) na formação de uma proposição bem formada.[44]

Da digressão feita com o exemplo da física, importa reter que uma fórmula, tal como aquela descritora das forças físicas elaborada por Newton, ou a regra-matriz de incidência tributária desenhada por PAULO DE BARROS CARVALHO,[45] é sempre uma estrutura a evidenciar os aspectos envolvidos num fenômeno e que está pronta para ser saturada de sentido com os dados empíricos que a semântica daquela linguagem entende

---

44. ARAUJO, Clarice von Oertzen. *Semiótica Jurídica*. São Paulo: Quartier Latin, 2005.
45. A Regra-Matriz de Incidência Tributária (RMIT) permeia o trabalho do Prof. Paulo de Barros Carvalho de maneira tão intensa que dificulta a referência de um só texto sobre essa técnica. No entanto, tomo o *Direito Tributário – Fundamentos Jurídicos da Incidência* como o texto em que melhor é tratado o tema pelo autor. (CARVALHO, Paulo de Barros. *Direito Tributário. Fundamentos Jurídicos da Incidência Tributária*. São Paulo: Saraiva, 2011).

relevantes e aptos a preencherem os espaços deixados em aberto pela fórmula.

Na definição de ECHAVE, URQUIJO e GUIBOURG: *"una fórmula proposicional es una expresión simbólica que está compuesta exclusivamente por variables proposicionales, conectivas o signos lógicos y símbolos auxiliares"*.[46] Conquanto precisa, tal definição nada explica sobre o *porquê do uso* das fórmulas e, logo, de sua importância na formação do conhecimento.

Considerando a maneira como o homem passa a conhecer uma coisa, transformando-a assim em objeto, toda fórmula representa um modo de compreender o "caos das sensações", dele cortando os elementos dispensáveis e recolhendo aqueles imprescindíveis para formar o apreensível, ordenável pela consciência como mundo, realidade. Entretanto, faz ainda mais que isso: relaciona esses elementos, evidenciando-lhes suas ligações e também como a variação de um deles pode afetar o conjunto.

Feita a advertência de que as fórmulas, enquanto conhecimento, por si só, não mudam o mundo, resta a pergunta *"para quê os homens fazem fórmulas?"* A que se pode responder, simplesmente, para conhecer. Isto é, o homem faz a fórmula para entender aquilo que ele observa, ordenando pedaços de realidade e estipulando-lhes os fatores envolvidos para articulá-los.

E para quê conhecer? A tomada de consciência dos fatores envolvidos permite ao sujeito cognoscente entender o que ocorre numa determinada situação e dirigir seus esforços aos aspectos relevantes para interferir no fluxo dos fenômenos, mudando desse modo o mundo circundante. Assim também o jurista, por meio do conhecimento das fórmulas em que se

---

46. ECHAVE, Delia Teresa; URQUIJO, María Eugenia; et GUIBOURG, Ricardo A. *Lógica, Proposición y Norma*. Buenos Aires: Astrea, 1999, p. 43.

vertem as normas, passa a entender que fatores são relevantes para dizer que há – ou não – os pressupostos necessários à incidência dessa ou daquela regra e compreender, criticamente, o trajeto de positivação das normas jurídicas.

## 6. Fórmulas e compreensão do direito

Tomar consciência de como o fenômeno jurídico ocorre, conhecendo-lhe sua fórmula, não é algo necessário à "prática"[47] do direito. Há aqueles que, mesmo sem conhecer de expedientes como a regra-matriz de incidência tributária trabalham no âmbito do direito tributário, produzindo construções acertadas, assim como um bom e experimentado músico que muitas vezes, sem ter estudado teoria musical ou saber ler partituras, sabe ainda assim tocar "de ouvido" uma melodia.

No entanto, assim como o músico tem potencializados seus dons artísticos pelo domínio de expedientes teóricos que lhe permitem ler as partituras, compreender as escalas rítmicas e as sequências harmônicas, também o jurista tem aumentadas suas aptidões com o emprego de certos conjuntos de técnicas para compreender como se estruturam as normas jurídicas e é feito o trabalho de derivação e positivação delas.

O emprego de fórmulas para a compreensão do fenômeno jurídico não é novidade. Já KELSEN[48] as empregava para descrever que todas as normas têm a estrutura *"se A é, então deve- -ser B"* que poderíamos pôr em fórmula da seguinte maneira:

---

47. O emprego de aspas justifica-se aqui porque, tal como faz PONTES DE MIRANDA em seu *O Problema Fundamental do Conhecimento*, rechaça-se aqui a distinção entre teoria e prática. *"Aquilo que existe é o conhecimento do objeto, ou bem se o conhece, ou não se o conhece."* (PONTES DE MIRANDA, Francisco Cavalcanti. *O Problema Fundamental do Conhecimento*. Porto Alegre: Globo, 1937).
48. KELSEN, Hans. *Teoria Pura do Direito*. São Paulo: Martins Fontes, 2009, p. 80.

$A \to B$. As normas jurídicas, todas elas, formam-se pela junção de um termo antecedente a um consequente por meio de um conectivo condicional.

Na primeira parte há uma descrição de certos elementos de uma ocorrência factual, na segunda, uma prescrição que assume a forma relacional. Atento a essas condições, LOURIVAL VILANOVA[49] acrescenta à fórmula as seguintes variáveis *D[F→(S'RS")]*, que pode agora ser desformalizada da seguinte maneira: *deve ser que, acontecido o fato F, instaure-se a relação R entre os sujeitos S' e S"*.

Esse esquema foi ainda desdobrado para evidenciar o traço característico das normas jurídicas que as separa da moral, religião e outros sistemas diretivos das condutas humanas: a norma secundária que se liga à chamada norma primária para compor a norma jurídica em sentido completo. A norma secundária tem duas peculiaridades em relação à norma primária, cuja estrutura foi acima enunciada: (1) seu fato antecedente é o descumprimento do instituído na relação entre S' e S", representado formalmente por –p, e (2) seu termo consequente não é mais uma relação entre os dois sujeitos da norma primária, mas sim uma relação entre um deles e o Estado-Juiz, representado por S'" na fórmula da norma jurídica em sentido completo:

$$D \{ [ F \to (S' R S") ] . [ -p \to (S' R S'") ] \}$$

O emprego de fórmulas para pensar o direito deve-se a uma característica inerente a ele: trata-se de linguagem. Como já se afirmou desde o princípio, estuda-se o *direito enquanto texto* e, ao dizê-lo, quer-se dizer tudo que essa afirmação implica. Vale relembrar o feliz exemplo de GREGORIO ROBLES: *tiremos as palavras do Código Civil. Que resta? Nada.*

---

49. VILANOVA, Lourival. *As Estruturas Lógicas e o Sistema do Direito Positivo*. São Paulo: Noeses, 2005, p. 75.

Dessa afirmação, acolhida enquanto premissa, podemos inferir que o direito, sendo linguagem, tem uma gramática que lhe é própria: há regras para selecionar os termos (*paradigmáticas*) e para combiná-los (*sintagmáticas*) na formação de boas normas, assim como há regras que ao prescreverem a sintaxe e semântica da língua portuguesa presidem a construção de boas frases nessa língua.

A utilização de fórmulas no Direito volta-se, com maior ênfase, à sua sintaxe, isto é, mostra combinações possíveis para os termos jurídicos suspendendo a ambiguidade e vagueza dos termos da linguagem ordinária. Mas há, em sua expressão, ainda um *quantum* de preocupação semântica, na medida em que a exposição da estrutura das normas serve também de índice sobre *quais* elementos da experiência fenomênica devem ser selecionados e relatados pelo sujeito competente para a construção de uma boa norma jurídica.

## 7. Norma jurídica

### 7.1. Normas jurídicas em sentido lato e sentido estrito

Antes de ser "tributária", a norma jurídica tributária é "norma jurídica". Convém então esclarecer quê se quer dizer com essa expressão.

*Norma jurídica* é termo bastante empregado pela doutrina para designar dois objetos distintos: (i) o juízo hipotético-condicional formulado pelo intérprete a partir da leitura dos textos legais, a exemplo da *"norma jurídica que programa a incidência do imposto sobre a renda"*, tal como já fazia HANS KELSEN;[50] e (ii) as disposições dos textos legais, enquanto enunciados de teor prescritivo, como em "*a norma do art. 2º*,

---

50. KELSEN, Hans. *Teoria Pura do Direito*. São Paulo: Martins Fontes, 2007, pp. 80-81.

*II, da Lei 12.138/01*", sendo a última acepção bem difundida em meio ao discurso técnico e científico.

Qual acepção é "a" correta? Qualquer resposta que afirme peremptoriamente por um ou outro sentido é ingenuamente simplista e deve ser vista com desconfiança. Uma acepção será tão mais correta quanto for útil para evocar no destinatário a ideia que se quer, com a palavra, dizer de. Isso porque as coisas não têm nomes, nós que a elas os atribuímos. Haverá, portanto, acepções úteis e inúteis (em um dado contexto) e é certo que, ao cingir a voz "norma jurídica" às duas definições acima, corta-se muitas outras definições que, nesse momento, não pareceram úteis à descrição científica do fenômeno jurídico. Mais uma vez faz-se sentir que esse cortar, precisando as definições e ignorando outras acepções, para a construção de discurso sólido e coerente, é imprescindível ao avanço do conhecimento científico e consiste na aplicação do mecanismo de elucidação de que tratava RUDOLF CARNAP[51] para reduzir a vagueza de seus termos.

Em ciência, não se pode falar de precisão enquanto persistir ambiguidade no discurso, as palavras devem buscar o maior grau de univocidade possível. Como conciliar então um único termo, norma jurídica, e essas duas acepções destacadas já no primeiro parágrafo? Parece útil então a distinção que fazem muitos ao separar as normas jurídicas em sentido estrito (aquelas da primeira acepção que destaquei) daquelas em sentido lato (correspondendo à segunda voz acima enunciada). Às diferentes significações, atribui-se novos nomes, sempre em prol da maior precisão discursiva.

PAULO DE BARROS CARVALHO muito bem alinhou as palavras para firmar a importância de ambas definições do termo "norma jurídica" na construção do discurso jurí-

---

51. CARNAP, Rudolf. *Introduction to Philosophy of Science*. Nova Iorque: Dover, 1996, p. 73.

dico científico, adotando postura analítico-hermenêutica como a que assumo:

> Seja como for, o processo de interpretação não pode abrir mão das unidades enunciativas esparsas do sistema do direito positivo, elaborando suas significações frásicas para, somente depois, organizar as entidades normativas (sentido estrito). Principalmente porque o sentido completo das mensagens do direito depende da integração de enunciados que indiquem as pessoas (físicas e jurídicas), suas capacidades ou competências, as ações que podem ou devem praticar, tudo em determinadas condições de espaço e de tempo.[52]

Firmadas então as acepções de *norma jurídica em sentido estrito* – como o juízo hipotético-condicional dotado de um todo deôntico de significação – e *norma jurídica em sentido amplo* – como equivalente aos enunciados prescritivos, as disposições legais, instrumentos para a transmissão de um quanto de significação, que são parte integrante daquele juízo, sem necessariamente sê-lo inteiro – já podemos seguir marcha e traçar algumas linhas mais sobre o processo de construção de sentido.

### 7.2. O ato de construir sentido

O direito, sendo texto, deve ser interpretado para que seu sentido seja construído. Isso porque, concebida a palavra em seu sentido mais estrito, isto é, de suporte material, algo somente será texto no seio de um processo interpretativo; do contrário, não passa de simples sinais gráficos a espera de alguém que lhes possa outorgar algum sentido.

Interpretar é ação humana que, ao contrário do que se poderia pensar, não é uma *extração* de sentido, com apregoava

---

52. CARVALHO, Paulo de Barros. *Direito Tributário, Linguagem e Método*. São Paulo: Noeses, 2011, p. 131.

CARLOS MAXIMILIANO,[53] mas adjudicá-lo a um suporte físico qualquer: é o ato de atribuir significação a certas coisas que, em meio a esse processo, passam a ser denominadas signos.[54]

Da mesma forma ocorre com as normas que, no direito positivo brasileiro, estão sempre expressas por algum texto escrito, mas que com ele não se confundem. Mesmo quando o direito prescreva a chamada interpretação literal, como no art. 111, II, do Código Tributário Nacional, não seria possível depreender-se que exista, ali nas marcas de tinta sobre um papel, qualquer significado a ser extraído, com mais ou menos esforço, do sujeito que delas tome conhecimento. Está sim, exigindo-se com o referido dispositivo que o intérprete atenha-se às chamadas acepções de base, isto é, ao sentido mais corriqueiramente empregado, em certo contexto cultural, àquela palavra pelos seus utentes.

A interpretação, percebida como processo para adjudicar de sentido jurídico a um conjunto de marcas que chamamos texto legal, dá-se pelo esforço construtivo de um intérprete que, como enuncia LUIZ ANTÔNIO MARCUSCHI, *"é sempre fruto de um agir comunicativo construtivo e imaginativo e não de uma identificação de realidades discretas e formalmente determinadas"*. Se, por um lado, rompe-se com a tradicional ideia de que há uma relação biunívoca entre linguagem e mundo representado, isto é, de que a linguagem simplesmente *representa* o mundo – e que permite à noção de que existe um significado *coincidente*, a ser *extraído* do texto –, por outro, continua o professor gaúcho, a interpretação passa a ser considerada *"fruto de uma operação que executamos cooperativamente sobre o mundo num esforço de construí-lo discursivamente para nossos propósitos"*.[55]

---

53. MAXIMILIANO, Carlos. *Hermenêutica Jurídica e Aplicação do Direito*. Rio de Janeiro: Forense, 2011, *passim*.
54. ECO, Umberto. *As Formas do Conteúdo*. São Paulo: Perspectiva, 2010, p. XII.
55. MARCUSCHI, Luiz Antônio. *Atividades de referenciação, inferenciação e categorização da produção de sentido*. In: FELTES, Heloísa Pedroso de

Da devida compreensão dessas noções, é possível afirmar que a interpretação: (i) é sempre um ato, ou melhor, ação a ser desempenhada por um sujeito, (ii) que é cognitivo, (iii) não no sentido de que *recolhe* conhecimento, mas que o *constrói* a partir dos signos com que foi vertida a mensagem a ele transmitida, (iv) segundo as regras pré-estabelecidas em um código de linguagem convencionalmente firmado que ditam sua estrutura e os conteúdos a que os signos empregados podem apontar, (v) relacionando-os aos dados contextuais que influenciarão decisivamente no produto oriundo desse procedimento.

Aplicadas tais noções ao exame do material jurídico e do desempenho do procedimento interpretativo que precede, necessariamente, todo ato de aplicação do direito, pode-se separar o processo construtor de sentido das normas jurídicas em quatro etapas, como faz PAULO DE BARROS CARVALHO. Seguindo essa ideia, o intérprete partirá sempre da literalidade textual (montando o plano S1); adjudica sentido às palavras, formando frases (as normas jurídicas em sentido lato, que compõem o plano S2); articula estes enunciados em estrutura de significação na qual uma proposição hipotética implica uma condição consequente (as normas jurídicas em sentido estrito, que formam o plano S3); inserindo-a no universo das demais normas jurídicas que, em relações de coordenação e subordinação para com aquela construída, formam o seu contexto, também chamado ordenamento jurídico (S4).[56]

## 8. Mais algumas palavras sobre o texto do direito, seu sentido e a necessidade de base empírica

Nota-se que o esforço do homem para compreender o objeto jurídico deve partir *sempre* do substrato linguístico, do

---

Moraes (Coord.). *Produção de Sentido. Estudos transdisciplinares*. São Paulo: Annablume, 2003, p. 243.
56. CARVALHO, Paulo de Barros. *Direito Tributário. Fundamentos Jurídicos da Incidência*. São Paulo: Saraiva, 2011.

texto em sua acepção mais estrita, como afirma GREGORIO ROBLES, ou do plano S1, para empregar a terminologia de PAULO DE BARROS CARVALHO. Há, em todo signo, uma base empiricamente verificável que serve de ponto de intersecção entre os sujeitos para possibilitar a intersubjetividade, um "suporte físico" se utilizada a expressão de EDMUND HUSSERL. O signo, como relação que é, tem início, sempre, em uma forma.

Mas a forma, havendo de ser início, é ponto de partida para o procedimento interpretativo que conduz o sujeito a outro plano, no qual elabora as significações e, assim, constrói o conteúdo. No entanto, para que possa o intérprete transpor em termos intersubjetivos aquilo que construiu pela empresa de seu pensamento, precisará vertê-lo uma vez mais em forma, um novo suporte físico para uma mensagem que também será nova.

Daí porque, nos domínios da intersubjetividade, toda forma conduz ao plano do conteúdo, como todo conteúdo há de encontrar termo em uma forma. Forma e conteúdo co-implicam-se, como explicita PAULO DE BARROS CARVALHO:

> A forma é, a um só tempo, a porta que nos dá acesso ao plano do conteúdo e também é a saída para o domínio da intersubjetividade. Um dicionário, por exemplo, ao explicitar o conteúdo de uma palavra qualquer, não tem outro meio de fazê-lo senão pelo emprego de outros termos, indubitavelmente formas para outros conteúdos. Assim também o fez o Poder Constituinte ao grafar já no art. 1º uma definição de Federação. Tanto na definição lexical de um verbete, como naquela estipulativa do direito, vê-se logo que o conteúdo de um signo somente pode fazer-se aparente – intersubjetivo – pelo emprego de outro signo e, com isso, mostram-se forma e conteúdo unidos, inseparavelmente.[57]

---

57. CARVALHO, Paulo de Barros. *Direito Tributário, Linguagem e Método*. São Paulo: Noeses, 2011, p. 184.

Pois bem, essas considerações vêm ao encontro da afirmação de que o objeto da experiência jurídica deve ser sempre o texto, partindo, necessariamente do material empiricamente verificável que serve de suporte físico às normas jurídicas. Tais ideias caem bem ao talho para explicitar, com segurança, que mesmo os chamados princípios implícitos ou disposições tácitas têm lugar somente no plano da expressão.

Não é porque se calou que se consentiu, se assim se deu, foi em função de jurídico que apontou o silêncio como ato de fala apto para produzir os determinados efeitos. Nem será porque algo é feito reiteradamente pela Administração que estará juridicamente estabelecido o costume fiscal: é preciso que seja produzido enunciado que, documentando a prática, impute a ela relevância jurídica. Só assim, aprisionados os acontecimentos na forma de uma linguagem produzida pelos sujeitos competentes, haverá silêncio ou costume enquanto normas.

Da mesma maneira, não será porque um princípio não encontra sua formulação literal em meio aos enunciados de um determinado corpo de leis que se poderá afirmar sua existência *sem texto* que lhe sirva de forma. Se foi possível verificar sua existência, foi assim porque, no texto de que se fala, há outros enunciados que, no conjunto, permitem apontar um vetor axiológico comum ou uma regra de vasta influência na construção de sentido do restante do ordenamento. A base empírica de um "princípio implícito" faz-se não com um, mas com vários enunciados e, logo, também ele terá seu suporte físico, tendo sua forma correspondente.

Tais observações servem de advertência, que se impõe como limite ao labor científico jurídico, ao afirmar que o objeto de qualquer pesquisa séria deve ter por ponto de partida o texto enquanto suporte físico. Aquilo que não encontrar forma, ainda que indiretamente, em meio aos documentos de direito positivo, deve-se ignorar na construção de raciocínios de Direito.

Esse é um importante passo para que se desmontem certas afirmações teóricas que, repetidas com pompa, logo alcançam o patamar de "obviedades", mas que não resistem ao exame mais detido da consciência e da coerência com as premissas metodológicas ora tomadas. Exemplifica-o a ideia amplamente difundida de que todas as competências tributárias estariam implicitamente restritas pelo princípio da territorialidade em qualquer ordenamento jurídico e que ALFREDO AUGUSTO BECKER bem já apontava como uma dentre as várias proposições do "sistema dos fundamentos óbvios" que ele duramente criticara em seu *Teoria Geral do Direito Tributário*:

> A evolução do Direito Tributário em todos os países; a criação dos mercados comuns e das zonas de livre comércio; a tributação de bens existentes no estrangeiro pelo imposto de transmissão *causa mortis*; os problemas, no plano internacional, da dupla imposição pelo imposto de renda, despertaram a atenção dos modernos doutrinadores para a falsa "obviedade" do fundamento da territorialidade da lei tributária.[58]

Essa questão será retomada no Capítulo Terceiro, mas que fique bem claro, desde logo, assim como BECKER, que *não nego a existência do princípio da territorialidade no ordenamento jurídico brasileiro*, mas sim o tom de "obviedade" que culmina em sua aplicação irrestrita ao campo dos tributos, seja impondo limites indevidos à incidência ou atribuindo competências que não se sustentam ao exame pormenorizado das disposições explicitadas nos textos de direito positivo, como se houvesse um direito "inerente" a tributar eventos que, de alguma forma e em alguma medida, fazem sentir seus efeitos neste ou naquele território. Para que se respeite o corte metodológico proposto,

---
58. BECKER, Alfredo Augusto. *Teoria Geral do Direito Tributário*. São Paulo: Noeses, 2010, p. 299.

deve-se afirmar que *território, competência* e *lugar do tributo* somente existem na precisa medida em que o direito positivo sobre eles disponha.

Essa, aliás, deve ser a postura adotada não apenas para com o princípio da territorialidade e outros princípios implícitos, mas para com toda e qualquer norma que se coloque sob exame. Se toda norma é signo, deve ela ter seu suporte físico, empiricamente verificável. Do contrário, nada se pode dizer, de maneira séria, sobre sua existência, muito menos de sua aplicação.

## 9. Norma jurídica tributária

Pois bem, até o momento, já foi enunciado que este livro tem por objeto de estudo as normas jurídicas que programam a incidência tributária e as suas relações com as normas que atribuem a competência para um sujeito de direito público editá-las. Para resumir a referência a esse primeiro conjunto de regras, empregarei a locução "norma jurídica tributária", cujo significado passo a esclarecer neste item.

Se a expressão "norma jurídica" já foi objeto de exposição páginas atrás, o termo "tributário" merece agora mais atenção. A expressão, quando é empregada como adjetivo, poderá exprimir toda e qualquer relação com "tributo". Assim, para esclarecê-la, será necessário expor os contornos daquilo que é tributo. A definição do conceito jurídico tem lugar, em nosso ordenamento, no art. 3º do Código Tributário Nacional que institui as seguintes características: (1) prestação pecuniária, (2) compulsória, (3) que não constitui sanção pela prática de ato ilícito; (4) instituída em lei; e (5) cobrada por atividade administrativa plenamente vinculada.

Dessa maneira, em uma acepção lata, seria possível chamar de norma jurídica tributária todo o conjunto de regras que digam respeito, direta ou indiretamente, a tributos. Em tal classe, muito abrangente, figurariam as disposições a respeito da incidência dos tributos, aquelas que versam sobre a data do pagamento, outras sobre a obrigação de prestar declarações, que imputam multas, dispõem sobre parcelamentos, etc.

A demarcação da classe, se muito ampla, dificulta a formação de juízos precisos na medida em que compromete e homogeneidade do fenômeno analisado. Para que seja possível imprimir às proposições o detalhe pretendido, é preciso reduzir a complexidade do objeto, o que, necessariamente, pressupõe uma vez mais o exercício da atividade gnosiológica já chamada aqui de corte epistemológico. E no desempenho desse corte, selecionam-se certos objetos segundo critérios a serem estabelecidos, desprezando-se tudo que, no instante, não interesse à formação do critério.

Dessa forma, a partir do conjunto que se poderia, sem maiores cuidados, apontar como "normas jurídicas tributárias", reservarei o uso dessa expressão para tratar apenas daquelas normas que digam respeito à incidência de tributos, traçando os critérios indispensáveis ao relato do fato jurídico tributário e da obrigação de pagar o tributo que ela implica.

## 10. Regra-Matriz de Incidência Tributária

### 10.1. "Expressão mínima e irredutível de manifestação do deôntico"

É possível afirmar que a regra-matriz de incidência tributária elaborada por PAULO DE BARROS CARVALHO é locução que assume dois significados em sua teoria: (1) uma fórmula para a construção de um tipo de norma, consistindo numa *técnica*; (2) o produto da aplicação desta técnica, como em um estudo sobre a *regra-matriz do Imposto sobre a Renda das Pessoas Físicas*. Numa e noutra, fala-se de norma jurídica: na primeira, enquanto categoria científica, na segunda, como objeto do estudo já isolado pela aplicação, ao fenômeno, dessa categoria; e, sendo norma jurídica, é *"a expressão mínima e irredutível (com o perdão do pleonasmo) de manifestação do deôntico, com o sentido completo*".[59] Mas que se quer dizer com isso?

Sendo *expressão* é mais que um simples *juízo*[60] que faça um sujeito de um determinado conjunto de enunciados de um texto legal, na medida em que transcende a intrassubjetividade por meio da enunciação para alcançar a intersubjetividade. Ainda que assuma a forma de um juízo hipotético-condicional (*se A, então B*), uma norma só o é como tal quando esse juízo é exteriorizado como *proposição*. É preciso que o sujeito competente produza enunciados, conforme as regras prescritas pelo sistema de direito positivo, para que se possa dizer que foi elaborada uma norma. Enquanto é juízo e está confinada aos limites da subjetividade do sujeito emissor, não é ainda norma, nada ordena, nada regula, nada obriga. Para tanto, é necessário que seja ela recebida pelo sistema e seus destinatários e, para isso, deve ser exprimida pelos meios corretos.

É *mínima e irredutível* porque, faltando algum de seus elementos, não se conhecerá do comando prescrito em sua totalidade e, assim, não se saberá quando tem lugar a norma nem *quem* está obrigado ou *quê* deve ser feito. Em outras palavras, diz-se assim porque a norma, para que possa cumprir sua função de ordenar condutas, deve corresponder ao conjunto formado por todas as partes de significação que possam orientar os destinatários no desenvolvimento de suas ações, de acordo com a mensagem juridicamente prescrita. Daí porque **PAULO DE BARROS CARVALHO** complementa "*com o sentido completo*".

---

59. CARVALHO, Paulo de Barros. *Direito Tributário, Linguagem e Método*. São Paulo: Saraiva, 2008, p. 531.
60. Chama-se *juízo* à fórmula lógica que envolve dois ou mais conceitos, articulando-os um aos outros para sua formação. Reserva-se o termo *proposição* à expressão de um juízo. Há entre juízo e proposição relação semelhante à dialética de forma e conteúdo.

A expressão *"manifestação do deôntico"* é empregada para fazer alusão ao modo com o qual o termo antecedente está ligado ao termo consequente. Não o é por causalidade natural – pela cópula ôntica, porque *"é"* – mas por implicação deôntica, querendo com isso dizer-se que não se trata de relação descoberta na natureza, mas que é *instituída* por *ato de vontade* de um sujeito competente para produzir normas e, por isso, *deve-ser*.

## 10.2. Da escola da "glorificação do fato gerador" ao estudo da norma jurídica tributária

Algumas linhas atrás, enunciei a fórmula básica da norma jurídica de KELSEN como tendo a seguinte estrutura D [ F → ( S' R S" ) ]. Isto é, toda norma é uma síntese deôntica entre um termo antecedente, composto pela descrição de um fato (daí porque também é chamado de *descritor* e porque KELSEN descreveu-o, a princípio, com a expressão *"se A é"*), e outro consequente, que comporta a prescrição de uma relação entre, pelo menos, dois sujeitos, S' e S".

Sobre a primeira parte, cabe à norma jurídica instituir uma situação fenomênica que servirá de base à sua incidência. Aqui se demoraram muitos estudiosos, em especial, no campo do direito tributário. Importante expoente dessa vertente foi o italiano radicado na Argentina DINO JARACH, que escreveu obra importante chamada *El Hecho Imponible*.[61] Ele considerava, como centro do estudo do direito tributário, as normas que dizem respeito à incidência dos tributos. Nisto estava certo, mas também dizia serem essas regras aquelas que dizem respeito à caracterização do fato imponível e, uma

---

61. A edição traduzida para o Brasil foi prefaciada pelo Professor Geraldo Ataliba, que a recomendava enfaticamente ao público brasileiro. Eis a referência completa: JARACH, Dino. *O Fato Imponível: Teoria Geral do Direito Tributário Substantivo* São Paulo: RT, 1989.

vez surpreendido o seu conjunto, formariam o *direito tributário material*,[62] sendo todas as demais regras apenas periféricas em relação a estas.

Fez-se tradição, que inclusive ficou conhecida por "*escola de glorificação do fato gerador*", porque JARACH não falou isso sozinho: os estudos sobre o fato jurídico tributário abundam na doutrina mais conceituada e tradicional. No Brasil, o assunto foi tratado quer em sua feição concreta, como fez **AMILCAR DE ARAÚJO FALCÃO** ao estudar o *Fato Gerador da Obrigação Tributária*,[63] quer enquanto sua descrição hipotética, como fez **GERALDO ATALIBA** com seu *Hipótese de Incidência Tributária*.[64]

Há nesses estudos riquíssimas contribuições que não devem ser descartadas, mas não se pode dizer que eles lograram atingir o epicentro do subsistema jurídico tributário, ao menos não se seguirmos a linha Kelseniana de que toda norma tem a estrutura de juízo hipotético condicional. Se somente contém os traços descritivos do fato, a hipótese de incidência *não é norma em sentido estrito*, pois lhe falta a prescrição relacional para que se conheça todo o sentido completo da manifestação deôntica. Um sujeito aferiu renda... e agora? É apenas parte de um comando, resta, ainda, algo a esclarecer para que seja uma ordem inteira.

Faltava a esses estudos abrir espaço na investigação sobre o outro lado das normas jurídicas: a consequência imputada no termo prescritor, isto é, a *obrigação tributária*. Em um segundo momento, dando-se conta disto, célebres estudiosos dedicaram-se a esse tema, sendo possível citar as valiosas

---

62. JARACH, Dino. *O Fato Imponível: Teoria Geral do Direito Tributário Substantivo*. São Paulo: RT, 1989, p. 112.
63. FALCÃO, Amilcar de Araújo. *Fato Gerador da Obrigação Tributária*. São Paulo: Noeses, 2013.
64. ATALIBA, Geraldo. *Hipótese de Incidência Tributária*. São Paulo: Malheiros, 2008.

contribuições de JOSÉ SOUTO MAIOR BORGES,[65] ALCIDES JORGE COSTA[66] e, mais recentemente, ROQUE ANTONIO CARRAZZA.[67]

Não há nada errado em suspender a atenção do todo, pondo entre parênteses metódicos um ou mais aspectos da norma para estudar-lhes com maior profundidade. Com efeito, é exatamente o que proponho ao estudar com mais vagar o critério espacial da regra-matriz de incidência tributária neste livro. Essa abordagem falhará, contudo, se considerar que aí está o centro do estudo tributário – como fez JARACH e fizeram muitos outros – negligenciando que o objeto de qualquer exame de Ciência do Direito deve ser sua unidade, isto é, a norma jurídica.

Dizendo o mesmo com outras palavras, se deseja o sujeito conhecer o feixe central de normas que instituem os tributos não deve ele voltar os olhos tão somente à compreensão das situações descritas no termo antecedente, nem também centrar seu estudo apenas no conteúdo relacional da obrigação tributária: é preciso ter olhos para a estrutura que articula a hipótese ao consequente, a norma, para que se possa conhecer-lhe então a *expressão mínima e irredutível (com o perdão do pleonasmo) de manifestação do deôntico, com o sentido completo.*[68]

### 10.3. A fórmula da regra-matriz de incidência tributária

Com a sua teoria da regra-matriz de incidência tributária, PAULO DE BARROS CARVALHO procurou manter-se fiel à

---

65. BORGES, José Souto Maior. *Obrigação Tributária (Uma introdução metodológica)*. São Paulo: Malheiros, 1999.
66. COSTA, Alcides Jorge. *Obrigação Tributária*. São Paulo: IBDT, 1975.
67. CARRAZZA, Roque Antonio. *Reflexões sobre a Obrigação Tributária*. São Paulo: Noeses, 2010.
68. CARVALHO, Paulo de Barros. *Direito Tributário, Linguagem e Método*. São Paulo: Noeses, 2008, p. 531.

fórmula proposta por KELSEN em que a norma é composta pela articulação, por meio de um dever-ser não modalizado, entre os termos antecedente e consequente.[69]

Mas foi além: esmiuçou a estrutura da fórmula inquirindo: quais são as variáveis que devem ser consideradas para que se possa dizer do acontecimento de um fato? Quais são os critérios envolvidos numa relação jurídica?

O emprego do método "regra-matriz de incidência tributária" consiste em isolar as variáveis envolvidas na composição dos fatos jurídicos e relações jurídicas, retirando-lhes os excessos linguísticos que costumam acompanhar os relatos dos sujeitos competentes para, ao final, ficar com aquilo que é indispensável à produção de sentido completo. Essa pesquisa foi desenvolvida sob a forte inspiração de EDMUND HUSSERL que, em sua fenomenologia, fazia emprego da *redução eidética*.[70] Foi realizando esse tipo de pensamento, que coloca em parênteses as singularidades irrepetíveis do objeto para aproximar-se daquilo que lhe é mais imediato, que PAULO DE BARROS CARVALHO produziu a seguinte fórmula:

$$D \{ [ Cm ( v . c ) . Ct . Ce ] \to [ Cp ( Sa . Sp ) . Cq ( bc . al ) ] \}$$

Em que: $D$ representa a cópula deôntica; $Cm$ é o critério material, composto por um verbo $v$ e um complemento $c$; $Ct$ é o critério temporal; $Ce$ é o critério espacial; $Cp$ significa o critério pessoal, formado pela indicação de um sujeito ativo $Sa$ e um sujeito passivo $Sp$; $Cq$ é o critério quantitativo integrado por uma base de cálculo e uma alíquota.

Sendo fórmula, a regra-matriz de incidência tributária não é o fenômeno da incidência tributária, assim como a fórmula de

---

69 KELSEN, Hans. *Teoria Pura do Direito*. São Paulo: Martins Fontes, 2007, pp. 80-81.
70. VELA, Fernando. *Abreviatura de Investigaciones Lógicas de E. Husserl*. Buenos Aires: Occidente, 1949.

Newton não *é* a força da gravidade. Porque as fórmulas não são aquilo que elas descrevem. São representação da estrutura de um fenômeno: maneiras de descrever o comportamento daquilo que o dado empírico apresenta. A regra-matriz de incidência tributária é um meio de enxergar um fenômeno que ocorre independentemente dela, o ordenamento jurídico. É uma técnica para compreender o direito, dentre muitas outras possíveis, que se destaca pela precisão conferida às conclusões obtidas por meio dela.

Toda norma instituidora de tributo – aquela que se convencionou chamar norma jurídica tributária páginas atrás – para que possa ter todos os elementos indispensáveis à formação do comando deôntico completo, deve ser formada pela articulação de enunciados que preencham cada uma das variáveis da fórmula, isto é, cada um de seus critérios. Por ser estrutura mínima, bastará a falta de um para que não aconteça a subsunção, pois carecerá indicação de algum dos elementos indispensáveis à caracterização ou da conduta que dê ensejo ao pagamento do tributo (o termo antecedente), ou da relação jurídica prescrita que obrigue ao pagamento de uma determinada quantia (o termo consequente).

A regra-matriz de incidência tributária, é possível dizer, consiste na representação do fenômeno da incidência tributária, desconsideradas as peculiaridades de cada caso, para que possa o sujeito conhecedor deparar-se com a sua estrutura normativa desnuda. Esse esvaziamento das particularidades do dado empírico na descrição do fenômeno permite à fórmula ser empregada para compreender *qualquer tributo*, de *qualquer época*, de *qualquer ordenamento*. Isso porque, com a regra-matriz de incidência tributária, mostra-se a estrutura linguística pela qual alguém, em virtude de um fato que aconteceu em determinadas condições de espaço e tempo, está obrigado a pagar algo a outra pessoa, nada mais.

Cabe aos sujeitos competentes saturar os critérios oferecidos pela regra-matriz de incidência tributária com os conteúdos construídos a partir do sistema de direito positivo que, em um determinado lugar e tempo, seja vigente. A regra-matriz serve, assim, de índice temático a todos aqueles que operam ou buscam compreender o fenômeno da construção e incidência das normas tributárias.

### 10.4. A hipótese tributária

Passo agora a descrever cada um dos critérios que figuram no termo antecedente da regra-matriz de incidência tributária. Na fórmula já esboçada: [ $Cm$ ( $v . c$ ) . $Ct$ . $Ce$ ].

O *critério material* descreve a ação que precisa um sujeito praticar para que exista pressuposto fático (suporte fáctico, no linguajar de PONTES DE MIRANDA[71]) à produção das normas individuais e concretas que documentem a incidência tributária. Composto de um verbo e seu complemento, descrevem um agir humano, não em sua inteireza, mas apenas segundo os critérios relevantes para que se possa atestar a existência do respectivo fato jurídico. Do ponto de vista estritamente sintático, isso é tudo que interessa.

Os problemas decorrentes da compreensão dos elementos envolvidos no critério material são percebidos com maior clareza do ponto de vista semântico: é o alcance dos termos empregados que suscita as divergências e conflitos. A tarefa de compreender o sentido dos termos empregados para construir o critério material de um tributo é dificultada por redações que não deixem clara a conduta como, por exemplo, a disposição Código Tributário Nacional que institui como fato gerador do Imposto sobre Produtos Industrializados *a sua saída dos estabelecimentos industriais ou equiparados* (art. 46, II). Tal dispositivo melhor descreve o

---

71. PONTES DE MIRANDA, Francisco Cavalcanti. *Tratado de Direito Privado.* V. 1. Rio de Janeiro: Borsoi, 1968, p. 32.

*momento* e o *lugar* nos quais se reputa ocorrida a conduta do que, propriamente, qual a ação que precisa ser praticada sobre qual objeto que, nesse tributo, é *industrializar, importar ou adquirir por meio de leilão em hasta pública produto industrializado*.

Noutro exemplo das dificuldades que pode enfrentar o intérprete, vejamos o Imposto sobre Serviços, cuja competência no direito positivo brasileiro cabe aos municípios. Seu critério material será *prestar serviço*, emprega-se duas palavras cuja abrangência semântica na linguagem corriqueira é bem ampla, mas que têm significação juridicamente demarcada: *serviço* é aquilo que o direito positivo diz que é, ainda que em linguagem natural sirva-se da palavra em outras acepções; o *prestar* como atividade própria do exercício das obrigações de fazer, também é delineado por disposições do ordenamento. *Serviço*, em nosso sistema, é uma relação jurídica onerosa, cujo objeto é uma obrigação de fazer da qual participam o tomador e o prestador, podendo o primeiro exigir do último o cumprimento daquilo que foi pactuado. Se um sujeito resolve trocar a pintura de sua residência e, por algum motivo qualquer, decide fazê-lo ele mesmo, ainda que se possa dizer em linguagem despreocupada que ele fez um *serviço*, não se poderá dizer, em linguagem jurídica, que ele prestou *serviço*, porque, no direito, essa palavra tem outros contornos semânticos.

Sobre o *critério espacial*, costuma-se defini-lo como o intervalo espacial no qual se reputa acontecida a conduta descrita no termo antecedente. PAULO DE BARROS CARVALHO acrescenta que, muitas vezes o conteúdo a ser atribuído a esta variável da fórmula não vem inspirado por enunciados explícitos, advindo da interpretação sistemática de muitos deles, e ainda identifica três graus de elaboração do critério espacial, classificando-os segundo sua relação de abrangência para com a vigência espacial:

a) hipótese cujo critério espacial faz menção a determinado local para a ocorrência do fato típico;

b) hipótese em que o critério espacial alude a áreas específicas, de tal sorte que o acontecimento apenas ocorrerá se dentro delas estiver geograficamente contido;

c) hipótese de critério espacial bem genérico, onde todo e qualquer fato, que suceda sob o manto da vigência territorial da lei instituidora, estará apto a desencadear seus efeitos peculiares. [72]

Importa ainda destacar a ressalva que faz PAULO DE BARROS CARVALHO para separar, de um lado, o critério espacial e, de outro, o campo de eficácia da lei tributária:

> Em face da grande difusão desses últimos, tornou-se frequente o embaraço dos especialistas ao conceituar o critério espacial das hipóteses tributárias. Muitas vezes o encontramos identificado com o próprio plano de eficácia territorial da lei, como se não pudesse adquirir feição diferente. A despeito disso, porém, percebemos, com transparente nitidez, que critério espacial da hipótese e campo de eficácia da lei tributária são entidades ontologicamente distintas.[73]

Tal distinção é nuança que tem passado desapercebida por estudiosos da mais elevada categoria e alcançado a fundamentação de decisões das principais cortes de nosso país. Trata-se de imprecisão no raciocínio que conduz a inúmeros equívocos de que se tratará no curso desta obra e que lançam a interpretação do critério espacial dos tributos a longas discussões que, muitas vezes, fundamentam-se mais no interesse imediato e utilitarista dos debatedores do que, propriamente, nas disposições do texto legislado. Daí, muitos dos erros na interpretação do princípio da territorialidade. Daí também

---

72. CARVALHO, Paulo de Barros. *Curso de Direito Tributário*. São Paulo: Saraiva, 2011, pp. 310-311.

73. *Op. Cit.*, p. 312.

muitas das discussões entre as autoridades fiscais sobre qual das Unidades da Federação ou dos Municípios seria competente para instituir e arrecadar o tributo sobre um determinado serviço. Dos ajustes necessários à definição do critério espacial, tratarei com mais vagar no Capítulo Terceiro.

Mas, por hora, é preciso voltar à exposição dos critérios da hipótese da regra-matriz de incidência para, concluindo-a, tratar do critério temporal.

Da mesma forma que não pode haver fato jurídico sem lugar, não se pode cogitar de fato que não ocorra em um instante. Isto é, ainda que um certo acontecimento social possa protrair-se no tempo, é preciso, para que se cumpra a finalidade do direito de regrar condutas, que se demarque um instante no qual seja possível afirmar que ocorreu o fato juridicamente qualificado na norma. Isolar um instante no fluxo temporal é condição para que se possa, por meio do relato, identificá-lo. Dessa definição ocupa-se o *critério temporal*.

Todo fato, enquanto relato que é, realiza-se em um – e apenas um – instante. Quando este é apontado pela norma, ignora-se toda a duração socialmente registrável do acontecimento, importando apenas aquele momento selecionado pelo critério temporal, sendo desprezíveis, para fins de incidência da norma, todos os outros demais, pretéritos ou futuros.

Esse detalhe merece maior atenção. Durante razoável período na doutrina brasileira – e no texto do Código também sob a forma de fato gerador "pendente" (art. 105) – classificou-se os "fatos geradores" em (a) *instantâneos*, quando ocorriam em uma unidade de tempo, (b) *continuados*, quando perduram por intervalos maiores do que a unidade mensurada, ou (c) *complexivos* quando decorrentes de um processo desenvolvido em várias unidades de tempo.[74]

---

74. Encaminho o leitor para os livros de AMILCAR DE ARAÚJO FALCÃO (FALCÃO, Amilcar de Araújo. *Fato Gerador da Obrigação Tributária*. São

Ao criticar essa classificação tripartite dos fatos geradores a partir da duração de sua ocorrência, PAULO DE BARROS CARVALHO assim escrevera:

> Nos chamados *fatos geradores complexivos*, se pudermos destrinçá-los em seus componentes fáticos, haveremos de concluir que nenhum deles, isoladamente, tem a virtude jurídica de fazer nascer a relação obrigacional tributária; nem metade de seus elementos; nem a maioria e, sequer, a totalidade menos um. O acontecimento só ganha proporção para gerar o efeito da prestação fiscal, mesmo que composto por mil outros fatores que se devam conjugar, no instante em que todos estiverem concretizados e relatados, na forma legalmente estipulada. Ora, isso acontece num determinado momento, num especial marco de tempo. Antes dele, nada de jurídico existe, em ordem ao nascimento da obrigação tributária. <u>Só naquele átimo irromperá o vínculo jurídico que, pelo fenômeno da imputação normativa, o legislador associou ao acontecimento do suposto.</u>[75]

A proposição destacada expõe atributo fundamental não apenas do critério temporal, mas de todos os critérios que compõem a norma jurídica tributária que é objeto deste estudo: apenas quando se quadre perfeitamente à descrição de seus critérios, haverá a incidência tributária. Daí a conclusão de que, a despeito da complexidade temporal do fenômeno que serve de fundamento para a percussão fiscal, interessa o instante apontado na lei, nada mais; da mesma forma com o lugar, com o verbo e seu complemento. Todo fato, portanto, somente é jurídico e de relevância para o direito tributário na justa medida que a lei estipule.

### 10.5. A consequência tributária

O termo consequente carrega a prescrição da relação jurídica tributária em sentido estrito, também chamada *obrigação*

---

Paulo: Noeses, 2013) e RUY BARBOSA NOGUEIRA (NOGUEIRA, Ruy Barbosa. *Curso de Direito Tributário*. São Paulo: Saraiva, 1995).
75. *Op. Cit.*, p. 334. Destaquei.

*tributária*. Trata-se de relação do tipo *obrigação de pagar* em que um sujeito ativo pode exigir, de outro, o sujeito passivo, o pagamento de uma determinada quantia. As variáveis que interessam são: (1) quem são esses sujeitos e (2) quanto deve ser pago. Diante disso, PAULO DE BARROS CARVALHO articulou dois critérios, um *pessoal*, com a designação dos sujeitos envolvidos, outro *quantitativo*, que se presta a conhecer o objeto prestacional da obrigação, dispondo-os nesse segmento de sua fórmula: [$Cp$ ( $Sa$ . $Sp$ ) . $Cq$ ( $bc$ . $al$ ) ].

A designação do *sujeito ativo* é elemento necessário para a formação o critério pessoal. Compete a ele exigir a quantia devida pelo sujeito passivo, cabendo aí uma importante nota: ainda que muitas vezes a sujeição ativa recaia sobre a mesma pessoa que detém a competência para instituir o tributo, esta não é uma relação necessária e há um bom número de exemplos no direito brasileiro que permite ilustrar isso. Assim ocorre no pagamento que fazem os bacharéis inscritos na Ordem dos Advogados do Brasil a esta instituição. Daí porque capacidade tributária ativa – aptidão de figurar no polo ativo da obrigação tributária e *cobrar* o tributo – e competência tributária – condição que autoriza uma pessoa a *instituir* por meio de lei um tributo – embora sejam ideias que coincidam muitas vezes na extensão de seus termos, não são a mesma coisa.

Já por *sujeito passivo* entende-se a pessoa de direito de quem se pode exigir a monta chamada tributo. Muito embora seja termo comumente associado à palavra contribuinte, nem sempre o será. Há situações jurídicas que impedem o sujeito de figurar no polo passivo de uma relação jurídica tributária, ainda que não o impeçam de praticar a situação descrita no antecedente como hipótese tributária. Em casos como esse, o contribuinte poderá dar lugar ao responsável tributário no polo passivo da obrigação e, quando assim não ocorra, simplesmente não haverá incidência tributária porque faltante um dos critérios da estrutura que, repita-se, é mínima e irredutível.

O *critério quantitativo* é um componente bimembre composto pela *base de cálculo* e a *alíquota* que a ela se submete para a determinação do montante a ser pago. Tem por função, como o nome denuncia, estabelecer o montante devido a título de tributo, isto é, o valor do objeto da obrigação.

No direito brasileiro, a Constituição atribui à base de cálculo importantíssimo papel, ligando-se aos termos da hipótese (o "fato gerador") para formar o chamado "binômio constitucional tributário" que serve de parâmetro à identificação de um tributo.[76] Com isso, a base de cálculo possui três propósitos, todos relacionados à conduta descrita no termo antecedente da norma jurídica tributária, sendo útil para: (i) confirmá-lo ou infirmá-lo; (ii) mensurá-lo; (iii) objetivá-lo em termos econômicos.

A respeito desse binômio é muito importante salientar que a relação que se estabelece não será apenas para com o critério material, como se poderia de maneira pensar em um rápido exame. Com o emprego da expressão "fato gerador", como é feito no art. 154, I, da Constituição, faz-se referência à descrição hipotética da conduta que aparece como condição à incidência do tributo. Sendo assim, corresponde ao mesmo campo de irradiação semântica da expressão *hipótese tributária* ora empregada, o termo antecedente da regra-matriz de incidência tributária. Explicitar isso é dizer que a base de cálculo deve *confirmar, medir* e *objetivar* não apenas os traços

---

76. É possível identificar essa relação em algumas passagens da Carta Magna, podendo-se destacar (a) art. 145, §2º "*As taxas não poderão ter base de cálculo própria de impostos*" justamente porque, com isso, haveria coincidência de hipóteses tributárias; (b) art. 154, I, ao definir os limites da competência residual da União, permitindo-a criar, "*mediante lei complementar, impostos não previstos no artigo anterior, desde que sejam não-cumulativos e não tenham fato gerador ou base de cálculo próprios dos discriminados nesta Constituição*", percebendo-se claramente que a competência é outorgada aos entes com fundo no binômio base de cálculo e "fato gerador", tanto que não poderia a União invadir essa faixa já atribuída aos outros entes a pretexto de exercer sua competência residual.

do critério material, mas também aqueles que digam respeito aos critérios espacial e temporal que formarão, inexorável e juntamente com o material, a trinca de variáveis da hipótese tributária.

## 11. Para isolar o critério espacial da regra-matriz

Fiz destacar, em mais de uma oportunidade, que a norma deve ser a unidade no Direito e, uma vez adotadas as premissas já fixadas, tal enfoque aparece como condição para a higidez do método.

Considerando ainda que a regra-matriz de incidência tributária constitui importante itinerário para o estudo da norma jurídica tributária e de que ela é uma estrutura *mínima e irredutível*. Resta esclarecer então como seria possível estudar especificamente o critério espacial sem, com isso, cair em contradição com esse aspecto metodológico proposto no início do trabalho.

A regra-matriz de incidência tributária, sendo fórmula, expõe *relações* que existem em meio às partes de uma classe de normas jurídicas: cataloga suas variáveis e evidencia a estrutura das relações existentes entre elas. Nenhuma dessas variáveis existe por si, tendo razão de ser apenas quando insertas na estrutura normativa. Estudar o critério espacial, portanto, é dirigir a atenção do jurista às relações que tem essa variável para com outras partes da mesma norma ou ainda de outras regras que figurem no mesmo ordenamento. Assim, o objeto de estudos segue sendo a norma jurídica tributária, porém, a consciência, sempre limitada pelo corte, deve voltar-se apenas a algumas dessas relações, ignorando, apenas momentânea e epistemologicamente, as demais, colocando-as entre parênteses metódicos.

Assim, em nome da precisão, optou-se por tratar do critério espacial, mas sem deixar de concebê-lo, em nenhum instante, fora da norma. Este trabalho tem a norma jurídica tributária como objeto e o seu critério espacial, enquanto relação, posto sob foco temático. Mesmo porque parte da premissa de que é impossível a existência de um critério espacial fora de uma estrutura normativa.

# Capítulo Segundo
## O ESPAÇO NO DIREITO

### 1. Filosofia *do* direito e filosofia *no* direito

Para que se possa ter ideia precisa dos objetivos deste capítulo será necessário esclarecer o sentido com que se emprega a expressão "filosofia *no* direito" e a razão da ênfase posta com a locução preposicional *no*, para diferençar o esforço da disciplina denominada "filosofia do direito".

A autoria da distinção é atribuída a TERCIO SAMPAIO FERRAZ JR. que separa o termo "filosofia *do* direito" para referir-se ao conjunto de estudos cujas proposições, em linguagem filosófica, tem por tema o direito, genericamente considerado. Já com a "filosofia *no* direito", dá nome ao emprego de expedientes da filosofia na construção de teoria científica sobre um ordenamento jurídico já especificado.[77]

---

77. FERRAZ JR., Tercio Sampaio *et* MARANHÃO, Juliano. *Função Pragmática da Justiça na Hermenêutica Jurídica: lógica "do" ou "no" direito?* In: Filosofia no Direito e Filosofia do Direito. *Revista do Instituto de Hermenêutica Jurídica*. Porto Alegre: Instituto de Hermenêutica Jurídica, 2007. V. I, n. 5.

PAULO DE BARROS CARVALHO assim explica a distinção:

> A primeira locução [Filosofia do Direito], utilizada para significar o conjunto de reflexões acerca do jurídico, corpo de ponderações de quem olha, por cima e por fora, textos de direito positivo historicamente dados, compondo proposições crítico-avaliativas. A segunda, como o emprego de categorias que se prestam às meditações filosóficas, todavia inseridas *nos* textos da Dogmática, isto é, vindas por dentro, penetrando as construções mesmas da Ciência. São enunciados extrajurídicos, não necessariamente filosóficos, linguísticos ou não, mas que potencializam o trabalho do cientista do direito em sentido estrito, na medida em que são introduzidos no discurso para aumentar sua capacidade cognoscente, ao provocar novos meios de aproximação com o objeto que se pretende conhecer.[78]

Trata-se, portanto, de esforço para, quadrando os dados das experiências jurídicas às categorias do pensar humano, lançar luzes que possam ajudar no deslinde dos problemas registrados pela técnica e pela ciência.

O propósito de um capítulo dedicado à filosofia *no* direito será identificar, com fundo nas premissas e nos atributos do objeto estudado, quais categorias do pensamento filosófico poderão servir à finalidade esclarecedora do texto científico.

Assim, quando o faço, proponho-me a investigar como, segundo enunciados da filosofia e da semiótica, pode-se compreender o espaço enquanto *categoria* e identificar de que maneira essas noções podem auxiliar o intérprete na compreensão do fenômeno jurídico estudado.

---

78. CARVALHO, Paulo de Barros. *Direito Tributário, Linguagem e Método*. São Paulo: Noeses, 2011, p. 7.

## 2. Noções elementares de semiótica – o signo

Tendo firmado, já no Capítulo Primeiro deste trabalho, a postura de que direito é linguagem, a primeira categoria que se impõe o estudo é aquela denominada *signo*.

Chama-se *signo* a unidade de toda e qualquer linguagem. Trata-se de relação construída entre um (a) suporte físico, um (b) significado e uma (c) significação.[79] É muito importante colocar ênfase no caráter relacional do signo: nenhum desses componentes pode existir independentemente. Algo somente poderá ser um suporte físico de um signo se estiver inserto no processo interpretativo que, pela mediação de uma significação, relacione-o com um significado. Quando esse mesmo material que serve de ponto de partida para o processo de atribuição de conteúdo não se insira no processo interpretativo, não passará de ruído, pois não há suporte físico, não há significado, tampouco significação.

Chama-se *suporte físico* todo e qualquer material, como as ondas sonoras propagadas pelo ar, os pigmentos de tinta marcados no papel, ou mesmo os pontos luminosos em um televisor que emprestam forma empiricamente verificável aos signos. O significado, por sua vez, diz respeito àquilo que, com o suporte físico, quer-se *significar*, isto é, apreender na forma do signo para comunicar. Já *significação* é o nome dado à noção construída pelo intérprete que permite pôr em relação

---

79. Essa proposta, elaborada por EDMUND HUSSERL e adotada por PAULO DE BARROS CARVALHO, não é a única maneira de referir-se à tríade sígnica. É possível e oportuno destacar ainda que outras nomenclaturas de seus componentes, como a de CHARLES SANDERS PEIRCE, empregada também por CLARICE VON OERTZEN ARAUJO, que os denomina, respectivamente, (a) *signo*, (b) *objeto* e (c) *interpretante*. Além dessas concepções triádicas do signo, encontram-se muitas referências nos textos jurídicos à ideia diádica proposta por linguistas como FERDINAND DE SAUSSURE, que reconhecem o signo na relação entre o *significante* e o *significado*, também chamados por RUDOLF CARNAP de *indicador e indicado*.

o suporte físico ao significado. Esses três elementos formadores da relação sígnica são bem ilustrados com o exemplo da linguagem idiomática por PAULO DE BARROS CARVALHO:

> O suporte físico da linguagem idiomática é a palavra falada (ondas sonoras, que são matéria, provocadas pela movimentação de nossas cordas vocais no aparelho fonético) ou a palavra escrita (depósito de tinta no papel ou de giz na lousa). Esse dado, que integra a relação sígnica, como o próprio nome indica, tem natureza física, material. Refere-se a algo do mundo exterior ou interior, da existência concreta ou imaginária, atual ou passada, que é seu significado; e suscita em nossa mente uma noção, idéia ou conceito, que chamamos de "significação".[80]

Nesse contexto, também as normas jurídicas podem ser interpretadas como signos, como bem observa CLARICE VON OERTZEN ARAUJO, evidenciando o significado (objeto) e a significação delas (interpretante):

> As normas, como signos que são, referem-se a objetos. Genericamente considerado, o <u>objeto</u> das normas jurídicas é a conduta humana em sociedade. Ou seja, as normas referem-se às relações sociais, regulamentando-as. Mesmo as chamadas normas de estrutura – como as normas que atribuem competências – podem ser assim consideradas, na medida em que, em observância ao princípio da legalidade, ao atribuir determinada competência, a norma assegura a legalidade de uma conduta, qual seja, a de produzir outras normas.
>
> Os <u>interpretantes</u> das normas jurídicas são a sua possibilidade de incidência nas condutas sociais que coincidam com as descrições insertas nas proposições denominadas antecedentes das normas jurídicas.[81]

---

80. CARVALHO, Paulo de Barros. *Direito Tributário, Linguagem e Método*. São Paulo: Noeses, 2011, pp. 33-34.
81. ARAUJO, Clarice von Oertzen. *Semiótica do Direito* São Paulo: Quartier Latin, 2005, p. 70.

Firme nesses pressupostos, posso afirmar que toda norma jurídica, sendo signo, há de ter seu *suporte material* na forma de enunciados prescritivos, aludindo às condutas intersubjetivas, seu *significado*, na medida em que as menciona para deonticamente regulá-las, sendo essa referência a sua *significação*.

## 3. Movimento, ação e conduta e os signos da gestualidade humana

O termo conduta é comumente associado à ação. Dentre os muitos conceitos que a tradição filosófica registra, como aponta o dicionarista NICOLA ABBAGNANO, destaca-se aquele proposto por VON WRIGHT e depois dele por MELDEN, MALCOM, STOUTLAND, ABELSON, PETERS, TOULMIN, APEL e TAYLOR. Numa tal perspectiva, ação:

> [...] consiste numa série de movimentos corpóreos (ou os compreende), com os quais o agente pretende ou quer dizer algo, esse algo deve ser entendido como dotado exatamente do sentido que o agente queria atribuir-lhe com base no contexto social, em regras ou práticas coletivas. Em outras palavras, <u>as intenções atribuídas a um agente são apenas modos socialmente compartilhados de entender o seu comportamento</u>.[82]

Essas noções certamente inspiraram GREGORIO ROBLES MORCHÓN que, discernindo ação e conduta, diz ser a primeira um *conjunto de movimentos a que se possa atribuir significado unitário*[83] e a última *uma ação contemplada pela*

---

82. ABBAGNANO, Nicola. *Dicionário de Filosofia*. São Paulo: Martins Fontes, 2007, p. 10.
83. ROBLES, Gregorio. *O Direito como Texto*. São Paulo: Manole, 2005, pp. 12-13.

*perspectiva de sua relação com o dever*,[84] em outras palavras, uma ação sob a influência da cópula deôntica, o dever-ser.

Do conceito de ação proposto por VON WRIGHT,[85] será possível separar, analiticamente, três instâncias: (a) o conjunto de *movimentos corpóreos*; (b) aquilo que se, a *intenção*; e (c) o *resultado*, a mudança de estado produzida pelo agir humano. Se considerarmos o *resultado* no contexto de um exame comunicativo da ação, teremos o seu *sentido*, ou seja, o entendimento socialmente compartilhado sobre quê o agente queria produzir com o emprego desse conjunto de movimentos.

Considerações semelhantes animaram ROBSON MAIA LINS na descrição da ação humana enquanto signo, em sua terminologia, o *gesto*:

> O que se pretende dizer com a separação traçada entre *movimento*, *ação* e *conduta* é o transpor o raciocínio semiótico para o agir humano reconhecendo aí valioso instrumento para a compreensão deste tipo de signo. E assim, chamaremos de *movimentos* a instância física em que se transmitem as mensagens de forma intersubjetiva, isto é, o suporte físico do signo ação humana; ao significado, ao objeto do signo, àquilo a que se refere o gesto atribuiremos a alcunha de *ação* e; à significação, àquilo que se constrói por meio da interpretação do fato denominemos *conduta*.

---

84. ROBLES, Gregorio. *Teoría del Derecho. Fundamentos de Teoría Comunicacional del Derecho*. V.1. Cizur Menor: Civitas, 2006, p. 222.

85. VON WRIGHT trabalha com categorias com nomes diversos, menos aproximados à comunicação e ao estudo da semiótica. Vale-se de *"movements"* (movimentos), *"intent"* (intenção) e *"result"* (resultado) para designar os elementos componentes de toda ação. Adiante equipararei os movimentos à dimensão física, empiricamente verificável, da conduta, aproximando a noção de *intent* daquela de significado, do conteúdo da ação, já a noção de *result* deve ser observada como o significado convencionado, o resultado do agir comunicativo. Deve-se notar, ainda que VON WRIGHT discerne entre resultados diretos e indiretos da ação, mas tal diferença não nos será útil no presente momento, de modo que será suprimida da exposição. (VON WRIGHT, Georg Henrik. *Norm and Action*. Londres: Routledge, 1961, pp. 35-37).

> Já o signo do agir humano, formado pela união indissolúvel entre *movimento*, *ação* e *conduta*, é o que passaremos a chamar de *gesto*.[86]

Se o exemplo serve de bom apoio à fixação do conceito, vamos a ele. Pensemos no conjunto de movimentos para erguer o braço. Qual é a ação comunicada com esses movimentos? Se tomados fora de seu contexto, pouco – e, conclusivamente, nada – se poderá dizer a respeito.

É preciso inserir esses movimentos em meio a um conjunto de regras que, conhecida pelas demais pessoas que travem contato com eles, possa servir de índice interpretativo sobre quê esse braço erguido *quer dizer*. Desse modo, numa sala de aula, o professor interpreta os movimentos do aluno para identificar sua presença ou uma dúvida. Tudo porque há uma norma social, conhecida por ambos, que estipula o braço erguido como signo da dúvida que o aluno deseja exprimir a seu mestre.

Para cada ação, existirá um conjunto de regras que fixa, com maior ou menor rigor, quais movimentos servem de suporte à sua expressão. Para que se interprete a ação adequadamente, reduzindo a complexidade dos movimentos à unidade do significado, o agente deve esforçar-se para realizar todos os movimentos e o intérprete, para bem assimilá-los, deve empenhar-se para relacionar o comportamento do agente com os significados estabelecidos.

Se o conjunto de movimentos somente significa algo pelo intermédio d'uma regra que falamos acima, é forçoso reconhecer que um estudo das condutas não se pode restringir ao exame dos movimentos. Antessupõe o conhecimento das regras

---

86. LINS, Robson Maia. *A reiteração e as normas jurídicas tributárias sancionatórias – a multa qualificada da Lei 9.430/96*. In: *Direito Tributário e os Conceitos de Direito Privado*. São Paulo: Noeses, 2010, pp. 1108-1109.

que, selecionando traços do comportamento dos agentes, reduzem sua complexidade a uma unidade significativa.

E porque depende das regras que possibilitam o recorte, duas situações interessantes podem ocorrer: (a) de um mesmo conjunto de movimentos receber vários significados; (b) de uma mesma intenção poder ser comunicada por meio de diferentes conjuntos de movimentos.

Com efeito, um conjunto de movimentos qualquer terá diferentes significações toda vez que sejam distintas as normas que se apliquem em cada contexto. Assim como o exemplo do braço erguido na sala de aula exprime a dúvida; na rua, chama um táxi; numa assembleia, vota; numa partida de futebol, encerra o jogo. Eis aí um mesmo conjunto de movimentos (descrito como o erguer do braço), exteriorizando intenções diversas (exprimir dúvida, chamar um táxi, votar e encerrar uma partida), a depender da significação convencionada pelas regras de cada contexto (a conduta). Várias são as condutas, pois diversas são as regras.

Mais algumas palavras devem ser ditas a respeito da expressão "conjunto de movimentos". Com efeito, mesmo o ato mais simples de erguer o braço poderia ser decomposto em vários movimentos menores. Se o agente não desempenha todos eles, por exemplo, se ao elevar o braço, não levantasse também o antebraço, desempenharia conjunto de movimentos diverso, ao qual se poderia atribuir outro sentido como, talvez, o de que está irritado ou entediado, mas não o voto na assembleia, o chamado do táxi, a dúvida na sala de aula ou o apito final de uma partida de futebol.

Várias, também, podem ser as combinações de movimentos de que se pode valer um agente para exprimir suas intenções. Um aceite, por exemplo, pode ser dado pela fala, pela escrita, por um gesto feito com o polegar estendido, um abano vertical de cabeça... está o exemplo a mostrar como as regras de um determinado contexto assim como podem ligar um conjunto de movimentos a várias intenções, podem também relacionar uma intenção a vários conjuntos de movimentos.

Assim sucede também na linguagem jurídica: ao estipular seus comandos, precisa definir o conjunto de movimentos a ser apurado para verificar-se o quadramento do fato ao tipo legal, como também fixa o conjunto de atos formadores da conduta que se deve exigir dos sujeitos colocados na relação consequente. Num e noutro termo do juízo hipotético-condicional, haverá disposições sobre condutas.

Outro aspecto importantíssimo está no "significado unitário" de que fala GREGORIO ROBLES. Quando se afirma que a ação sempre tem significado unitário não se diz que cada conjunto de movimentos tem um e somente um significado possível. Diz-se que *uma* regra deve imputar a *um* conjunto de movimentos apenas *um* significado. Sempre que estivermos diante daquelas situações nas quais o intérprete esteja diante de um conjunto de movimentos a que se possa atribuir mais de um sentido, está ele diante de *diferentes regras* que atribuem sentido àqueles movimentos, devendo servir-se de dados contextuais adicionais para poder interpretar, adequadamente, a intenção que o agente quis exprimir.

Sucede isso no direito a todo o tempo, para ilustrar, consideremos um mesmo conjunto de movimentos posto à prova no processo penal para averiguar a incidência de homicídio, pode ele ser ainda submetido à atribuição de sentido como ilícito civil, ensejando indenização. Os diferentes contextos normativos e a possibilidade, até mesmo, de desfechos diversos, bem ilustram a diferença que há entre essas condutas: pode-se decidir pela não-ocorrência da primeira, mas ocorrência da segunda, por exemplo.

Todos esses exemplos bem ilustram que, em um cenário de intersubjetividade, toda conduta é, de alguma maneira, fruto de norma que lhe impute o sentido. Em outras palavras, nenhum movimento humano significa algo *per se*.

É preciso *sempre* a mediação de regras que estabeleçam os procedimentos, além, é claro, da presença de um agente que desempenhe tal atividade e, ainda, de um intérprete que, segundo os preceitos contextualmente aplicáveis, atribua sentido ao gesto.

Desse modo, vale observar que, no campo do direito, toda conduta – a significação atribuída ao conjunto de movimentos para poder assim significar a ação pretendida – é estabelecida por meio de normas jurídicas. Daí a importantíssima inferência de que, fora dos contornos estabelecidos nas normas, os movimentos humanos não são mais que ruídos, sem significação alguma para o universo do discurso jurídico.

Em esforço de síntese, pode-se resumir o estudo das condutas jurídicas como um signo ao dizer que: (a) toda conduta juridicamente relevante é-o porque – e na precisa medida em que – as normas de um dado ordenamento assim o estipulam; (b) o conjunto de movimentos, socialmente verificável e fracionável, que serve de suporte físico ao gesto jurídico perde a sua pluralidade com a atribuição de significado unitário por meio da norma, devendo ser considerado singularmente; e (c) interessam à caracterização jurídica das condutas sociais apenas aqueles movimentos eleitos pelas normas, sendo os demais desprezados para a construção da facticidade do direito.

## 4. Espaço, cosmos e lugar

Desde a tradição grega, as referências filosóficas ao espaço pressupõem duas categorias que, no entanto, não surgiram simultaneamente no debate entre os pensadores: o espaço (κόσμος, *cosmos*) como continente e o lugar (τόπος, *topos*) como situação nele contida.

Numa primeira acepção, o espaço aparece como sinônimo de lugar: uma propriedade que tem um corpo e, logo, uma categoria ao qual podem submeter-se os objetos da experiência.

Quando ARISTÓTELES define lugar como o limite imediato que encerra um corpo[87] reduz o espaço à totalidade da matéria, pois, sem corpo que o ocupe, não pode haver lugar.

DEMÓCRITO é apontado como o fundador de corrente de pensamento que propõe uma segunda acepção de espaço. O espaço é considerado como um *recipiente*, que contém todos os objetos materiais, diz respeito ao *cosmos*, que abriga não apenas tudo aquilo que há, como também tudo aquilo que pode haver e até mesmo o que não há. Essa ideia, anota ABBAGNANO,[88] prevaleceu durante muito tempo graças aos estudos de ISAAC NEWTON e DESCARTES, que, em seus postulados, firmaram ser o espaço *infinito, incorpóreo* e ainda que a existência do vazio é *um fato da experiência*.

A contribuição newtoniana ao debate sobre a natureza do espaço foi relevantíssima na medida em que, com a noção de que ele é um campo no qual estão os objetos, permitiu o progresso de muitas ciências, em especial o da Física, que pôde beneficiar-se enormemente da adoção de padrões de geometria euclidiana na construção de importante sistema de fórmulas a que hoje chamamos *Física Clássica*.

O conceito de espaço como um *campo* é tão forte que, mesmo o maior crítico de Isaac Newton, GOTTFRIED LEIBNIZ, em sua quinta carta a Samuel Clarke, ao resumir sua concepção sobre o espaço, acentua a existência de duas noções, o *Espaço* e o *Lugar*, evidenciando seu caráter relacional da seguinte maneira:

> I will here show, how Men come to form to themselves the Notion of Space. They consider that many things exist at once, and they observe in them a certain Order of Co-

---

87. ARISTÓTELES. *Física*. IV, 4, pp. 212-220.
88. ABBAGNANO, Nicola. *Dicionário de Filosofia*. São Paulo: Martins Fontes, 2007, pp. 406-407.

existence, according to wich the relation of one thing to another is more or less simple. This Order is their Situation or Distance. When it happens that one of those Co-existent Things changes its Relation to a Multitude of others, which do not change their Relation among themselves; and that another Thing, newly come, acquires the same Relation to the others. As the formar had; we then say it is come into the Place of the former; and this Change we call Motion in That Body, wherein it is the immediate Cause of the Change. And though Many, or even All the Co-existing Things, should change according to certain known Rules of Direction and Swiftness; yet one may always determine the Relation of Situation, which every Co-existent acquires with respect to every other Co-existent; and even That Relation, which any other Co-existent would have to this, or which this would have to any other, if it had not changed or if it had changed any otherwise. And supposing, or feigning, that among those Co-existents, there is a sufficient Number of them, which have undergone no Change; then we may say, that Those which have such a Relation to those fixed Existences, as Others had to them before, have now the same Place which those others had. And That which comprehends all those Places, is called Space.[89]

---

89. Em livre tradução para o português: *"Mostrarei aqui como os homens vieram a formar a ideia de espaço. Eles consideram que existem muitas coisas ao mesmo tempo e observam nelas uma certa ordem de coexistência, segundo a qual a relação de uma coisa com outra é mais ou menos simples. Essa ordem é a situação ou distância delas. Quando sucede a uma dessas coisas coexistentes modificar sua relação com uma multiplicidade de outras, as quais não alteram sua relação entre si, e quando uma coisa recém-chegada adquire com as outras a mesma relação que a primeira tinha com elas, dizemos que ela entrou no lugar da primeira; a essa mudança damos o nome de movimento daquele corpo, sendo o movimento a causa imediata da mudança. E embora muitas, ou até todas as coisas coexistentes, devam mudar de acordo com certas regras conhecidas de direção e velocidade, é sempre possível determinar a relação de situação que cada coexistente adquire com respeito a todos os outros coexistentes e determinar até mesmo a relação que qualquer outro coexistente teria com este, ou que este teria com qualquer outro, se não se houvesse modificado, ou se houvesse modificado de outra maneira. E, supondo ou imaginando que entre esses coexistentes haja um número suficiente que não tenha passado por mudanças, podemos dizer que os que têm esses existentes fixos a relação que*

Essa noção de espaço, que muito se aproxima à concepção Aristotélica de lugar, é reveladora de que o espaço enquanto campo (*space*), cosmos, é em boa parte determinado pelas relações estabelecidas entre os objetos, chamadas por LEIBNIZ de lugares (*places*).

Tratar o espaço como relação, faz com que não mais encaremos o espaço como uma substância ou essência. Deixa então de ser algo absoluto e, como a própria palavra "relação" sugere, torna-se *relativo*. A esse propósito, parece muito oportuna a referência para a seguinte passagem de DARDO SCAVINO:

> Ahora bien, una fórmula rompe con la idea de substancia, de identidad o de estabilidad de las esencias. Por eso el tiempo, el espacio, la velocidad, la acceleración, la masa o la fuerza ya no son cosas sino variables. La velocidad es una determinada relación entre el espacio y el tiempo, pero éstos tampoco pueden pensarse independientemente de la velocidad, como lo demonstró Albert Einstein a principios de este siglo. La masa ya no es una propriedad de un cuerpo independiente de la fuerza y de la acceleración, y la propria aceleración es relativa a la masa y a la fuerza. Justamente, cuando Einstein habla de una física relativista, […] significa aquí relacional, en el sentido de que existe una determinación recíproca de todas las variables y que ninguna puede pensarse como una cosa aislada con su identidad propria.[90]

---

antes os outros tinham com eles ocupam agora o lugar antes ocupado por esses outros. Espaço é aquilo que abarca todos esses lugares." (CLARKE, Samuel et LEIBNIZ, Gottfried. *A Collection of Papers*. Londres: James Knapton, 1777, pp. 195-196). O documento, raríssimo, está disponível, na íntegra, no sítio «http://tinyurl.com/Leibniz195».

90. SCAVINO, Dardo. *La Filosofia Actual: Pensar sin certezas*. Buenos Aires: Paidós, 2007, pp. 229-230. Em tradução livre: *"Pois bem, uma fórmula rompe com a ideia de substância, de identidade ou de estabilidade das essências. Por isso o tempo, o espaço, a velocidade, a aceleração, a massa ou a força já não são coisas, mas variáveis. A velocidade é uma determinada relação entre o espaço e o tempo, mas estes tampouco se podem pensar independentemente da velocidade, como demonstrou-o Albert Einstein no começo deste século. A massa*

É porque o espaço, como lugar, é uma relação que se pode atribuí-lo às coisas, mas é justamente porque são relações que não pode haver um lugar só, isolado. É preciso identificar, para além do lugar, outra marca espacial que permita ao intérprete montar a forma lógica de relação. Dessa forma, há de existir um *campo* ao qual tais relações devem referir.

A influência de LEIBNIZ pode ser sentida nos estudos de ALBERT EINSTEIN, para quem todo objeto teria três dimensões, medidas por três números, que seriam complementados por um quarto, medidor do tempo, de maneira que a cada evento hão de corresponder esses quatro números, evidenciado a existência de relações entre os objetos que podem, por isso mesmo, ser quantificadas. Se ao primeiro contato essa ideia pode sugerir a volta à concepção aristotélica, com apenas o acréscimo de uma coordenada adicional (a quarta dimensão, temporal), segundo ABBAGNANO, há algo a mais em meio à teoria geral da relatividade:

> Nesse conceito de E.[espaço], a novidade parece ser constituída pelo acréscimo da coordenada temporal às coordenadas com que Descartes definia o E. Mas, na relatividade geral, o afastamento dos conceitos tradicionais é mais radical. Aí não tem mais sentido falar de E. Sem considerar o *campo*, que é usado para representar os fenômenos físicos. Tanto os fenômenos inerciais quanto os gravitacionais são explicados por mudanças na estrutura métrica do campo.[91]

Em tempos atuais, observa-se a desambiguação da expressão espaço por meio do emprego de outros conceitos,

---

*já não é uma propriedade de um corpo independente da força e da aceleração, e a própria aceleração é relativa à massa e à força. Justamente, quando Einstein fala de uma física relativista, [...] significa aqui relacional, no sentido de que existe uma determinação recíproca de todas as variáveis e que nenhuma pode ser pensada como uma coisa isolada com sua identidade própria."*

91. ABBAGNANO, Nicola. *Dicionário de Filosofia*. São Paulo: Martins Fontes, 2007, p. 409.

notadamente aquilo que se chamou: campo (domínio, universo) e posição (lugar, situação), empregando o primeiro termo para referir-se a um certo universo de discurso e, o segundo, para tratar das unidades que no primeiro se encontram.

## 5. Kant: o problema do espaço experimentado e experimentável

Quando se ocupou do estudo da natureza do espaço, IMMANUEL KANT situou o problema em meio à *estética transcendental*, uma disciplina do saber humano que seria inteiramente dedicada à sensibilidade *a priori*, contraposta à lógica transcendental ou, em suas palavras:

> Designo por estética transcendental uma ciência de todos os princípios da sensibilidade *a priori*. Tem que haver, pois, uma tal ciência, que constitui a primeira parte da teoria transcendental dos elementos em contraposição à que contém os princípios do pensamento puro e que se denominará lógica transcendental.
>
> Na estética transcendental, por conseguinte, isolaremos primeiramente a sensibilidade, abstraindo tudo que o entendimento pensa com os seus conceitos, para que apenas reste a intuição empírica. Em segundo lugar, apartaremos ainda desta intuição tudo o que pertence à sensação para restar somente a intuição pura e simples, forma dos fenômenos, que é a única que a sensibilidade *a priori* pode fornecer. Nesta investigação se apurará que há duas formas puras da intuição sensível, como princípios do conhecimento *a priori*, a saber o espaço e o tempo, de cujo exame nos vamos agora ocupar.[92]

O itinerário traçado pelo filósofo é claro ao apontar o problema do espaço como algo que precede as investigações sobre os conceitos criados pelo entendimento e das sensações

---

92. KANT, Immanuel. *Crítica da Razão Pura*. Lisboa: Calouste-Gulbenkian, 1989, pp. 62-63.

mesmas dos fenômenos. O espaço é, portanto, condição *a priori* da sensibilidade e, por extensão, do pensamento. E, justamente por isso, para KANT, o espaço, antecede a experiência e, por isso, não pode ele ser experimentado:

> O espaço não é um conceito empírico, extraído de experiências externas. Efetivamente, para que determinadas sensações sejam relacionadas com algo exterior a mim (isto é, com algo situado num outro lugar do espaço, diferente daquele em que me encontro) e igualmente para que se possa representar como exteriores [e a par] uma das outras, por conseguinte não só distintas, mas em distintos lugares, requer-se já o fundamento da noção de espaço. Logo, a representação do espaço não pode ser extraída pela experiência das relações dos fenômenos externos; pelo contrário, esta experiência externa só é possível, antes de mais nada, mediante essa representação.[93]

KANT parece conduzir sua noção de espaço em direção àquela acepção proposta por DEMÓCRITO, de espaço como recipiente no qual todas as coisas estão contidas e, nesse sentido, seria um universo pressuposto. Nele, cabe até mesmo a ideia de vazio, ausência de objetos, pois o espaço é *condição de possibilidade dos fenômenos e, por isso, não é determinado por eles*:

> O espaço é uma representação necessária, a priori, que fundamenta todas as intuições externas. Não se pode nunca ter uma representação que não haja espaço, embora se possa perfeitamente pensar que não haja objetos alguns no espaço. Consideramos, por conseguinte, o espaço e a condição de possibilidade dos fenômenos, não uma determinação que dependa deles; é uma representação a priori, que fundamenta necessariamente todos os fenômenos externos.[94]

---

93. *Op. Cit.*, p. 64.
94. *Op. Cit.*, pp. 64-65.

Decorre daí a afirmativa de que o espaço, sendo pressuposto da experiência, não pode ele mesmo ser experimentado. Tal noção levou MERLEAU-PONTY a considerar que a:

> [...] constituição de um nível sempre supõe dado um outro nível, que o espaço sempre se precede a si mesmo. Mas essa observação não é simples constatação de um malogro. Ela nos ensina a essência do espaço e o único método que permite compreendê-lo. *É essencial ao espaço estar sempre "já constituído"*, e nunca o compreenderemos retirando-nos em uma percepção sem mundo. [...] A experiência nos mostra, ao contrário, que eles estão pressupostos em nosso encontro primordial com o ser, e que *ser é sinônimo de estar situado*.⁹⁵

É por isso que o conhecimento do espaço, não se fundamentando na experiência, derivaria de uma *certeza apodíctica*, segundo KANT:

> O espaço não é um conceito discursivo ou, como se diz também, um conceito universal das relações das coisas em geral, mas uma intuição pura. Porque, em primeiro lugar, só podemos ter a representação de um espaço único e, quando falamos de vários espaços, referimo-nos a partes de um só mesmo espaço. Estas partes não podem anteceder esse espaço único, que tudo abrange, como se fossem seus elementos constituintes (que permitissem a sua composição); pelo contrário, só podem ser pensadas nele. É essencialmente uno; a diversidade que nele se encontra e, por conseguinte, também o conceito universal de espaço em geral, assenta, em última análise, em limitações. De onde se conclui que, em relação ao espaço, o fundamento de todos os seus conceitos é uma intuição *a priori*, com uma certeza apodíctica.⁹⁶

---

95. MERLEAU-PONTY, Maurice. *Fenomenologia da Percepção*. São Paulo: Martins Fontes, 2011, p. 339. Destaquei.
96. KANT, Immanuel. *Crítica da Razão Pura*. Lisboa: Calouste-Gulbenkian,

Pode parecer claro até aqui que o espaço, tal como a ele se refere KANT, constitui universalidade, mas mesmo ele irá diferençar o espaço enquanto representação (como produto do ato cognitivo) do espaço infinito (totalidade que condiciona esse ato cognitivo), este abrangendo um sem número daqueles:

> O espaço é representado como uma grandeza infinita dada. Ora não há dúvida que pensamos necessariamente qualquer conceito como uma representação contida numa multidão infinita de representações diferentes possíveis (como sua característica comum), por conseguinte, subsumindo-as; porém, nenhum conceito, enquanto tal, pode ser pensado como se encerrasse em si uma infinidade de representações. Todavia é assim que o espaço é pensado (pois todas as partes do espaço existem simultaneamente no espaço infinito). Portanto a representação originária de espaço é intuição *a priori* e não conceito.[97]

DOUGLAS SANTOS, em interessante trabalho sobre as ideias filosóficas que influenciaram a concepção de espaço utilizada nos estudos geográficos, anota que foi a tese de KANT a que mais logrou espaço entre os estudiosos do meio:

> De qualquer maneira, o que se observou de comum entre as diversas correntes de pensamento foi a noção de espaço como receptáculo e, portanto, condição *a priori* do fenomênico. A geografia kantiana foi a vencedora, pelo menos até o final do terceiro quartel do século XX.
>
> O espaço kantiano foi sendo cultivado muito antes do próprio Kant, mas, sem dúvida, é o pensador de Königsberg que lhe dá a formatação definitiva. Pensar a geografia que hoje conhecemos sem levar em consideração as bases em que ele a constituiu seria, no mínimo, temeroso.[98]

---

1989, p. 65. Destaquei.
97. *Op. Cit.*, pp. 65-66.
98. SANTOS, Douglas. *A Reinvenção do Espaço*. São Paulo: UNESP, 2002, p. 188.

No item anterior, pretendi demonstrar que espaço, da maneira que hoje concebem os físicos e muitos dos recentes pensadores que sobre ele discorreram, é expressão que merece desambiguação e cujo esforço de elucidação conduzirá ao seu fracionamento em outros conceitos – definidos com propósitos teóricos como diria IRVING COPI[99] –, dentre os quais têm tido mais destaque as noções de *lugar* (*posição, situação*), representativa da ideia de espaço como relação, e de *universo* (*campo, domínio*), atribuindo-se ao termo o conceito de espaço como totalidade.

Essa separação aparece também em KANT, que divide, em seu *Crítica da Razão Pura*, o espaço *a priori* das representações que dele fazemos. Seguindo a linha de seu pensamento, logo perceberemos que, ainda que se pense o espaço como condição *a priori* da sensibilidade, como pressuposto a ela, somente seria possível afirmar a existência do espaço a partir da própria sensibilidade que, como firmado no Capítulo Primeiro, opera por meio do corte gnosiológico, dividindo o mundo em classes, segundo os critérios estipulados por definições.

Tudo isso nos conduz à ideia de que esse espaço apreendido pela atividade cognitiva humana, e a que KANT chamou *representação*, é resultado dessas operações de corte, definição e classificação que permitem a ele traçar relações entre os objetos da experiência, subsumindo-os a uma ou outra classe. Saber da representação do espaço é saber desse tipo de relação e, logo, do lugar.

## 6. Merleau-Ponty e a passagem do espaço espacializado ao espaço espacializante

A tomada de consciência de que o espaço é apreendido como representação e, logo, relação de pertinencialidade para

---

[99]. Da classificação dos tipos de definição segundo o critério da função por ela desempenhada, tal como proposto por IRVING COPI, ocupou-se o item 2.1. do Capítulo Primeiro.

com uma classe inaugurada por essa representação, muda significativamente a maneira de pensá-lo.

Afirmar que as relações de espaço são relações entre classes é um importante passo nesta tese. Isso porque, vale lembrar: (1) as classes não existem na natureza, são resultado do esforço cognitivo humano que divide os objetos da experiência em compartimentos segundo critérios intelectualmente construídos e aplicados; (2) toda classe é resultado da submissão dos elementos de um conjunto universo (o espaço infinito de KANT, o *cosmos* dos gregos) a um critério estabelecido segundo o arbítrio do ser humano que, com isso, fundará ao menos duas subclasses: a dos que satisfaçam o critério e aquela dos que estão dele excluídos; para afirmar (3) entre os integrantes de um e outro conjunto, a existência de uma condição que denota sua posição, o seu lugar (*topos*) em relação aos demais membros.

De uma postura assumida passivamente, como sujeito cognoscente que simplesmente existe em meio ao espaço infinito, passa o ser humano a criar, pelo esforço de seu intelecto, espaços nos quais insere as coisas que observa. Passamos do *espaço espacializado* ao *espaço espacializante*, como sugere MERLEAU-PONTY, pois considerado:

> [...] o espaço em sua fonte, penso atualmente as relações que estão sob essa palavra, e percebo que elas *só vivem por um sujeito que as trace e as suporte, passo do espaço espacializado ao espaço espacializante*.[100]

O espaço – visto enquanto relação, posição, situação, *lugar* – só existe na medida em que um ser humano cria essas referências para ordenar o mundo percebido. Sendo assim,

---

100. MERLEAU-PONTY, Maurice. *Fenomenologia da Percepção*. São Paulo: Martins Fontes, 2011, p. 328.

para que algo possa situar-se, intersubjetivamente, o espaço desse algo requer a sua enunciação em linguagem.

Se para KANT, o espaço – visto como totalidade, universo, cosmos – é condição *a priori* da sensibilidade e, como tal, não seria linguagem, o mesmo não se pode dizer das relações produzidas pelos sujeitos, os lugares, que são linguagem. Daí porque, ainda que o espaço não seja ele linguagem, *implica* linguagem, na medida em que as relações que nos permitem falar do espaço somente podem ser construídas por meio do emprego de signos.

Por isso construímos sistemas geométricos, medidas espaciais, escalas, coordenadas geográficas, mapas... todos eles produtos linguísticos que produzimos para ordenar os fatos no espaço. Seguindo a linha de KANT e respeitando os acréscimos da fenomenologia da percepção de MERLEAU-PONTY, não se trataria de vários espaços para cada linguagem, mas de diferentes formas de ordenar os relatos para orientar a experiência humana em meio ao espetáculo,[101] no qual aparece também o espaço infinito como um signo do qual não se pode evitar: algo que é pressuposto até a si mesmo.

## 7. Definições e medidas

Toda medida é uma relação em ao menos dois graus. Em uma primeira noção, tal como um nome que se atribui a uma

---

101. Para MERLEAU-PONTY, o ser cognoscente é um partícipe do mundo, que lhe aparece como espetáculo. Não tem contato direto com os objetos, apenas com suas representações, por isso prefere a expressão espetáculo à mundo. Explica-o bem PAULO SÉRGIO DO CARMO: "Merleau-Ponty diz que não é *apesar de* os objetos se dissimularem através de reflexos, sombras e horizontes, que nós os vemos; ao contrario, afirma que é *graças a* isso é que temos o rico espetáculo do mundo. É graças a esse dualismo na manutenção das diferenças que o sujeito pode se relacionar com o objeto. Sombra e luz acompanham nossa vivência com os objetos. Assim, não estamos diante das coisas do mundo como meros espectadores, mas entre as coisas, interagindo com elas." (CARMO, Paulo Sérgio do. *Merleau-Ponty: uma introdução*. São Paulo: EDUC, 2000, p. 47).

coisa para lhe ser possível a referência, também uma medida é signo que se atribui algo para dizer-lhe de uma propriedade: que uma página A4, mede 210 milímetros de largura e outros 297 de altura. Mas não é só: para que se possa comparar algo, é preciso comparar esse algo a outra coisa. Daí que uma medida de objeto pressupõe a de outro e, mais do que isso, requer a *certeza* quanto à medida desse outro.

É justamente essa certeza, implícita ou explicitamente apontada, que permite a comparação e a afirmação da veracidade da medida. Ocorre que essa relação, como qualquer outra, é resultado da ação humana que atribui o liame a objetos que lhe aparecem à percepção sob a forma de conceitos.

Fôssemos à origem de uma medida, encontraríamos sempre uma definição estipulativa: é preciso um enunciado inaugural e inquestionável, a partir do qual se poderá estipular as medidas em outros objetos. Durante um tempo, as medidas espaciais eram feitas em função de partes do corpo humano: assim vieram a polegada, o pé, a braçada, as léguas... acontece que tais medidas experimentavam significativa variação de indivíduo para indivíduo e nem sempre eram adotadas em todos os lugares, o que dificultava o acordo entre os sujeitos que efetuavam as operações de mensuração.

Ao tempo da revolução francesa, em 1791, estudiosos reuniram-se em Paris para, inspirados pelo pensamento iluminista, discutir a adoção de um sistema único de medidas. A ideia era fixar um parâmetro pelo qual se pudesse atingir o máximo de consenso internacionalmente e, para tanto, construiu-se o chamado Sistema Métrico, que especificava todo um conjunto de medidas para as várias propriedades que poderiam ser estudadas nos quadrantes das ciências naturais.

O assunto interessa porque exibe uma condição interessante de toda e qualquer escala de mensuração: a estipulação de uma medida faz-se sempre por um ato, nascido da vontade de um sujeito, que estabelece unidades e parâmetros para a atividade comparativa dos demais. Trata-se de autêntica definição estipulativa, como expus, tema muito afeito à autoridade com que se expressam as normas. Tanto é assim que o Sistema Internacional foi instalado por meio de um Tratado, firmado em 1857 (que se convencionou chamar *Conventión du Métre*[102]) que instalou o *Bureau International de Poids et Mesures* (Instituto Internacional de Pesos e Medidas), encarregado de manter os objetos representativos das definições inaugurais, dentre eles os objetos que ficaram conhecidos por Metro de Paris e o Quilo de Paris.

Com o "Systema Métrico", as medidas tinham uma base objetiva, escapando à variabilidade das partes do corpo humano, de modo que a *correspondência* com o objeto armazenado no *Bureau* e a sua veracidade poderiam ser aferidas pela comparação com as réplicas disponibilizadas pelo órgão. Assim também estabelecia a Lei Imperial 1.157 de 1862, editada durante o reinado de D. Pedro II: "*Art. 3º Os padrões publicos serão aferidos pelas cópias do metro e do kilogrammo, typos dos archivos de Paris*".

Essa verdade, afirmada por correspondência, pressupõe a imutabilidade do objeto referente: tal condição, no entanto, não se tem verificado.[103] De fato, se aquilo que apreendemos

---

102. Hoje a Convenção é ratificada por 56 Estados, dentre eles o Brasil, que adotou o Sistema Internacional em 1862, ainda durante o reinado de D. Pedro II, por meio da Lei Imperial 1.157.

103. Em reportagem publicada no The New York Times, Sarah Lyall registra que "*O quilograma é a última unidade básica de medida a ser expressa nos termos de um artefato manufaturado. (Seu primo, o protótipo internacional de metro, foi aposentado em 1960, quando os cientistas redefiniram o metro. Ele foi redefinido novamente em 1983; hoje, um metro é oficialmente 'a distância viajada pela luz no vácuo durante o intervalo de tempo de 1/299.792.458 de segundo', para aqueles que queiram tentar em casa.)*". No original; "*The kilogram is the last base unit of measurement to be expressed in terms of a manufactured artifact. (Its cousin, the international prototype of the meter, was retired from active duty in 1960, when scientists redefined the meter. They redefined it again in 1983; a meter is now officially "the length of the path traveled by light in a*

não são os objetos, mas suas representações, não podemos nunca comparar um objeto com o outro, mas apenas um conceito que fazemos de um objeto para com o conceito que fazemos de outro. É essa relação e a afirmação de sua certeza, estipulativamente, que deve ser regrada com a autoridade das disposições normativas.

### 7.1. Medidas e o objeto medido

Em 1729, ISAAC NEWTON, discorrendo sobre as medidas espaciais e como elas interferem na determinação de um lugar, já apontava esse caráter arbitrário que deve residir na definição da unidade:

> But because the parts of space cannot be seen, or distinguished from one another by our senses, therefore in their stead we use sensible measures of them. For from the positions and distances of things from any body considered as immovable, we define all places; and then with respect to such places, we estimate all motions, considering bodies as transferred from some of those places into others. And so, instead of absolute places and motions, we use relative ones; and that without any inconvenience in common affairs; but in philosophical disquisitions, we ought to abstract from our senses, and consider things themselves, distinct from what are only sensible measures of them. For it may be that there is no body really at rest, to which the places and motions of others may be referred.[104]

---

*vacuum during a time interval of 1/299,792,458 of a second," for those who would like to try it at home.)*". (LYALL, Sarah. *Missing Micrograms Set a Standard on Edge*. In: *The New York Times*. «http://www.nytimes.com/2011/02/13/world/europe/13kilogram.html»).

104. Em tradução livre para a língua portuguesa: "Mas porque as partes do espaço não podem ser vistas, ou discernidas umas das outras por nossos sentidos, nós empregamos, em seu lugar, medidas sensíveis delas. É a partir das posições e distâncias das coisas em relação a qualquer corpo considerado imóvel, que definimos todos os lugares; e então, a respeito desses lugares, nós

Isso que parece intuitivo rompe com equívoco muito comum: os objetos não têm medidas. Porque são relações, elas só existem na pluralidade de termos e, um desses, necessariamente, deve ser arbitrariamente definido como a unidade.

Outro traço fundamental de qualquer medida é que ela afirma-se sempre sobre uma propriedade de um objeto: nunca corresponde à pluralidade de aspectos do objeto, sendo sempre algo mais simples, resultado do processo de abstração gnosiológica do ser humano, um *corte,* como preferi chamar no item 1 do Capítulo Primeiro.

### 7.2. Dos problemas para medir condutas

É comum pensar o espaço segundo as noções da geometria euclidiana: a um objeto deve sempre corresponder um *ponto* que existe em um *plano*. Se queremos atribuir a esse mesmo objeto uma dimensão, traçando uma *reta* entre duas extremidades desse objeto e, com o emprego de uma medida arbitrariamente escolhida, chegamos a um número, expressivo da relação entre o termo mensurador e o medido. Para mais dimensões, basta considerar retas em diferentes planos.

Conquanto funcione bem para lidar com objetos cuja existência é bem afirmada pela Física, pode gerar complicações maiores se pensarmos sobre o problema de medir condutas e, com isso, estabelecer as suas relações espaciais, o seu *lugar.*

---

estimamos todos os movimentos considerando corpos como transferidos de alguns lugares para outros. E então, ao invés de lugares e movimentos absolutos, nós empregamos lugares e movimentos relativos; e isso sem qualquer inconveniente nos expedientes ordinários; mas em investigações filosóficas, nós devemos abstrair nossos sentidos e considerar as coisas em si, distintas daquilo que lhe são apenas medidas sensíveis. Porque pode que não existe corpo algum realmente em repouso, para os quais os lugares e movimentos podem referir-se." NEWTON, Isaac. *The Natural Principles of Natural Philosophy*. Londres: Benjamin Motte, 1729. Também esta obra pode ser consultada, na íntegra, pela internet em «http://tinyurl.com/NewtonPrinciples12».

Para tratar do lugar de uma conduta, é preciso ter bem claro que: (a) uma medida é sempre um *corte*, faz-se a respeito de uma propriedade do objeto, nunca sobre sua inteireza fenomenológica; (b) a sua *unidade* é sempre estabelecida em termos convencionados, usualmente estabelecidos em linguagem normativa, e, por tratar-se de definições estipulativas, descabe discorrer sobre sua verdade; e (c) *atribuem relações* que, quando articuladas num discurso, permitem ao ser humano direcionar espacialmente sua atenção aos objetos.

Ao mesmo tempo, quando se tratou sobre as condutas no Capítulo Primeiro, firmou-se a premissa de que são elas o significado unitário atribuído a um conjunto de movimentos. É preciso, na mensuração espacial das condutas, que não se perca de vista a noção de *unidade*. Um dado conjunto de movimentos pode ser um ou vários a depender da unidade que, de acordo com o sistema mensurador, seja possível atribuir-lhe, sendo também certo que não haverá conduta onde os movimentos sejam insuficientes para preencher a unidade.

Tais noções, por outra via, arrimam-se aos resultados percebidos por PAULO DE BARROS CARVALHO quando de sua já citada crítica aos chamados *fatos geradores complexivos*, que tomo a liberdade de repetir:

> Nos chamados *fatos geradores complexivos*, se pudermos destrinçá-los em seus componentes fáticos, haveremos de concluir que nenhum deles, isoladamente, tem a virtude jurídica de fazer nascer a relação obrigacional tributária; nem metade de seus elementos; nem a maioria e, sequer, a totalidade menos um. O acontecimento só ganha proporção para gerar o efeito da prestação fiscal, mesmo que composto por mil outros fatores que se devam conjugar, no instante em que todos estiverem concretizados e relatados, na forma legalmente estipulada. Ora, isso acontece num determinado momento, num especial marco de tempo. Antes

dele, nada de jurídico existe, em ordem ao nascimento da obrigação tributária. Só naquele átimo irromperá o vínculo jurídico que, pelo fenômeno da imputação normativa, o legislador associou ao acontecimento do suposto.[105]

Como explica o autor, somente quando presentes todos os elementos formadores, ter-se-á o fato jurídico tributário ensejador da obrigação correspondente. Que falte um, dir-se-ía pela linha aqui fixada, faltaria a unidade que deve caracterizar a conduta.

Isso porque a complexidade representada pelos movimentos da conduta deve dissolver-se com a aplicação da medida jurídica, estipulada segundo os enunciados prescritivos dos textos legais, que orna o intérprete capaz de atribuir significado unitário ao conceito formado por esse conjunto de movimentos.

Assim como os objetos *não têm medidas*, também os movimentos humanos *não têm medidas*. Nós que a eles atribuímos, por meio de uma relação arbitrariamente estabelecida, uma (ou várias) unidade(s) e, com ela(s), podemos atribuir-lhe um lugar.

O caráter unitário que deve marcar a atribuição de sentido de conduta, no entanto, impõe que a todo fato jurídico corresponda *um*, e *apenas um, lugar*. Assim, deve-se desprezar a complexidade espacial dos movimentos para, da mesma forma que, segundo PAULO DE BARROS CARVALHO, se atribui um – e apenas um – instante para que se fale do acontecimento do tempo fato jurídico, fale-se também de um lugar como aquele em que sucede esse fato.

A unidade medida, sendo arbitrária, deve ser estabelecida em termos normativos para que se possa abstrair do conjunto

---

105. CARVALHO, Paulo de Barros. *Curso de Direito Tributário*. São Paulo: Saraiva, 2011, p. 334.

de movimentos (a complexidade ínsita ao objeto que se chamou conduta) apenas os atributos selecionados, desprezando-se os demais. E, entre eles, é imprescindível que se destaque o lugar.

O esforço para compreender como o direito atribui *lugares* às condutas não é pioneiro: os penalistas dedicaram-se com afinco à questão, construindo sua teoria do lugar do crime. Mas aquela iniciativa, já há bom tempo empreendida e pouco revisitada, foi construída sob a orientação de outras categorias que não às ora empregadas.

## 8. A respeito dos conceitos, no Direito Penal, de *território* e *lugar do crime*

PAULO DE BARROS CARVALHO, ao discorrer sobre o critério espacial da regra-matriz de incidência tributária, expõe a seguinte preocupação com o estado das pesquisas sobre o assunto no Direito Tributário:

> São pobres as pesquisas científicas atinentes ao critério espacial das hipóteses tributárias. Esbarra a doutrina, ainda, em problemas elementares, como o que ventilamos. Quem sabe fosse bom admitir a pertinência das velhas teorias do Direito Penal sobre o *locus delicti*, em termos de aprofundar-se o inquérito científico tributário, uma vez que nosso legislador, consciente ou inconscientemente, acabou recolhendo conclusões emergentes das teses da *nacionalidade*, do *resultado* (*ou do efeito típico*) e da *atividade*, para construir a estrutura orgânica dos diversos tributos. O motivo seria mais que suficiente para espertar o desenvolvimento de estudos que, por certo, viriam a enriquecer o setor do Direito Tributário carente de reflexões e paupérrimo de alternativas.[106]

A sugestão para que se busque incursionar pelos textos de Direito Penal é pertinente por dois motivos: (1) por haverem

---

106. *Op. Cit.*, p. 330.

os estudiosos desse ramo dedicado muito tempo e esforço à compreensão do fenômeno de produção normativa a que chamei incidência – especialmente, à operação lógica da subsunção dos fatos jurídicos à classe abstrata de condutas formada pela norma –; e, (2) considerando o dogma da homogeneidade sintática das normas, certamente será possível identificar padrões que, desprezadas as diferenças específicas da matéria penal, mostram características próprias do gênero norma jurídica e, logo, também serão adequadas à compreensão das normas jurídicas tributárias.

Pois bem, para que se possa imprimir rendimento ao estudo, penso ser oportuno dividir este item em quatro subseções: na primeira, discorrerei sobre os princípios apontados pela doutrina penalista como orientadores da relação das normas jurídicas penais com o espaço; na segunda, dada a prevalência do princípio da territorialidade, pretendo trazer ao exame as observações dos estudiosos dessa área sobre a noção de território, para, em seguida, tratar na terceira etapa da chamada *teoria do lugar do crime* e, só então, poderei numa quarta parte promover o esforço de despojar essas observações das especificidades das normas jurídicas penais para identificar os traços que, não compondo a diferença específica, aplicam-se a todo o gênero normas jurídicas.

### 8.1. Os quatro princípios

BASILEU GARCIA identifica quatro "princípios" que orientam a eficácia da lei penal no espaço: (a) territorialidade, (b) nacionalidade ou personalidade, (c) real ou proteção e (d) competência universal, enunciando-os da seguinte maneira:

Pelo princípio da territorialidade, a lei penal aplica-se no país, só em face de fatos ocorridos dentro do seu território. Se o crime ocorre fora das fronteiras do Estado, deixa de ser alcançado pela sua lei penal.

Pelo princípio da <u>nacionalidade ou personalidade</u>, o critério dominante é o da nacionalidade do agente do delito. Pune-se, de acordo com a lei do Estado, determinado fato, quando tenha sido praticado por cidadão daquele Estado, quer o haja cometido dentro de território nacional, quer no exterior. Isto é, a lei penal segue o nacional onde quer que se encontre e só a êle. Portanto, se tiver sido praticado por cidadão de outro Estado, o fato não será punível, de acordo com esse princípio, tomado na sua exclusividade.

O princípio em apreço tem sido desdobrado em – ativo e passivo: ativo, quando se aplica a lei pessoal do acusado, independentemente do bem jurídico a que se referiu o seu crime; e passivo, quando a invocação da lei pessoal do acusado depende de que o bem jurídico pertença a um co-nacional.

Pelo princípio chamado <u>real ou de proteção</u>, o que se tem em vista é a nacionalidade do bem ou interesse jurídico lesado pelo crime. A lei do Estado alcança determinado fato onde quer que se tenha verificado e sem atender à nacionalidade do agente, contanto que o bem ou interêsse jurídico atingido pelo crime pertença ao Estado que exerce a repressão ou a algum dos seus nacionais.

Pelo derradeiro dos princípios mencionados, a repressão ao crime deve efetuar-se onde quer que se encontre o criminoso, pouco importando o lugar onde delinquiu, a sua nacionalidade, ou o bem jurídico atingido. Representa isso um ideal no Direito Penal – o ideal da <u>extraterritorialidade absoluta da lei penal</u>. Seria o Direito Penal aplicado hamônicamente por todos os povos.[107]

Ao comentar cada um desses princípios e como eles manifestam-se no ordenamento jurídico brasileiro, HELENO CLÁUDIO FRAGOSO explica que:

O princípio da territorialidade, <u>com temperamentos</u>, é hoje dominante na legislação penal, pois tem ao seu favor a regra

---

107. GARCIA, Basileu. *Instituições de Direito Penal*. V.1. T.1. São Paulo: Max Limonad, 1956, pp. 162-163. São meus os destaques.

básica de que a pena deve ser irrogada onde o malefício foi praticado (*ubi facinus perpetravit, ibi poena reddita*). A punição do crime fora do local onde foi praticado traz dificuldades de ordem processual (obtenção de provas) afetando a função intimidativa da pena.[108]

Fiz questão de destacar a expressão "com temperamentos", pois o mesmo autor assinala que:

> Nenhum dos princípios expostos pode, isoladamente, atender aos interesses do Estado na aplicação da lei penal. Embora seja dominante o princípio da territorialidade, abrem, os Códigos Penais modernos diversas exceções para a aplicação dos outros princípios.[109]

De fato, em sua Parte Geral, o Código Penal dedica dispositivos tanto à territorialidade (art. 5º e 6º) como a aplicação extraterritorial da lei penal brasileira (art. 7º), atribuindo ainda efeitos à pena cumprida no estrangeiro (art. 8º) e disciplinando a homologação de sentença estrangeira (art. 9º), mesmo antes da reforma de 1984 (arts. 4º a 7º da redação original). Logo se vê que o recorte das situações que poderão servir à construção do fato jurídico penal podem ultrapassar, em muitas situações, os limites fronteiriços do território nacional.

No entanto, todas essas situações de extraterritorialidade encontram algum vínculo com os entes públicos brasileiros (seja pelo resultado,[110] como se percebe pelo art. 7º,

---

108. FRAGOSO, Heleno Claudio. *Lições de Direito Penal. Parte Geral.* Rio de Janeiro: Forense, 1995, p. 111.
109. *Op. Cit.*, p. 112.
110. Art. 7º – Ficam sujeitos à lei brasileira, embora cometidos no estrangeiro:
I – os crimes:
a) contra a vida ou a liberdade do Presidente da República;
b) contra o patrimônio ou a fé pública da União, do Distrito Federal, de Estado, de Território, de Município, de empresa pública, sociedade de economia mista, autarquia ou fundação instituída pelo Poder Público;

I e §1º) ou com a situação do agente no território nacional (art. 7º, II e §2º, "a").

Eis a razão pela qual se diria que há, no ordenamento jurídico brasileiro, uma territorialidade "com temperamentos" e porque, ainda que se trate de aplicação extraterritorial, deve haver alguma ligação dos fatos puníveis com o território brasileiro, seja por uma situação do agente, seja porque os resultados da conduta delitiva fazem-se sentir no Brasil.

Assim, para compreender a aplicação da lei penal no espaço, mesmo nos casos de extraterritorialidade, faz-se necessário entender os dois conceitos tratados com detalhe pela doutrina penalista: território e lugar do crime.

## 8.2. As definições dadas ao termo território

Sobre o conceito de território, assim escreveu o professor catedrático de Direito Penal pela Faculdade de Direito do Recife, ANÍBAL BRUNO:

> O conceito jurídico de território é mais largo do que o conceito geográfico. Não se restringe ao solo contido dentro das fronteiras do país, estende-se a todo o espaço onde domina a soberania e rege, assim, a vontade jurídica do Estado.
>
> Compreende, portanto, não só a porção da superfície terrestre – terra firme e águas – dentro dos limites político-geográficos onde assenta o Estado e que se incorpora mesmo a este como um dos seus elementos constitutivos, mas ainda todas as regiões sobre as quais exercita o pleno poder de *imperium* do mesmo Estado.[111]

---

c) contra a administração pública, por quem está a seu serviço;

d) de genocídio, quando o agente for brasileiro ou domiciliado no Brasil;

§ 1º – Nos casos do inciso I, o agente é punido segundo a lei brasileira, ainda que absolvido ou condenado no estrangeiro.

111. BRUNO, Aníbal. *Direito Penal. Parte Geral.* T. 1. Rio de Janeiro: Forense, 2005, pp. 140-141.

A definição, conquanto pareça de boa urdidura, apresenta dois erros metodológicos que comprometem sua utilização no discurso do Direito: (a) define circularmente o objeto: o Estado deve ser soberano em seu território (sendo a soberania efeito do território) e o território é-o porque nele o Estado exerce sua soberania (sendo ela, ao mesmo tempo, causa do território); (b) usa critério diverso daquele que deve presidir o corte epistemológico da Ciência Jurídica, remetendo o "corte" ao tema da "soberania", cuja utilização para o bom estudo tem melhor serventia às construções da Ciência Política e, mais precisamente, ao seu subsetor denominado *Teoria Geral do Estado*.

São, aliás, recorrentes no estudo dos penalistas as referências a entidades que, segundo o corte proposto no Capítulo Primeiro, fogem ao estudo jurídico, como seria o caso do psicologismo envolvido na apreciação do "interesse nacional lesado", que BASILEU GARCIA utiliza para justificar a legitimidade que teria um Estado em punir um crime praticado a bordo de aeronave em voo:

> Ressalvada a liberdade de passagem inofensiva, as convenções internacionais têm proclamado a soberania completa e exclusiva do Estado subjacente quanto ao espaço atmosférico acima do seu território. Entretanto, não basta afirmar tal soberania para dirimir a questão prática de saber onde deve ser punido o delinquente que cometeu crime em aeronave em vôo. Uma indagação liminar preocupa: o ato delituoso feriu interesses que ao Estado subjacente cabe tutelar? Se interêsses que tais não sofreram agravo, a solução natural é considerá-lo praticado no território do Estado a que pertence o avião. Na hipótese contrária, é óbvio que o Estado subjacente deve intervir.[112]

Os mesmos vícios na construção do raciocínio jurídico repetem-se em muitos outros estudos de juristas de elevada

---

112. GARCIA, Basileu. *Instituições de Direito Penal*. V. 1. T.1. São Paulo: Max Limonad, 1956, pp. 162-163.

categoria[113] e, logo, expõem a dificuldade para construir uma definição de território com fundamentos relevantes à Ciência do Direito. A circularidade da definição e a *mancebia dos métodos* evidenciam, em termos científicos, o problema que MERLEAU-PONTY resumiu ao dizer que "*É essencial ao espaço estar sempre 'já constituído', e nunca o compreenderemos retirando-nos em uma percepção sem mundo*".[114] É porque aparece sempre como pressuposto de toda produção normativa que se torna difícil definir o território como categoria equivalente a um lugar. Para dar assomos de obviedade e, com isso, aquietar o espírito tomado pela dúvida, falaciosamente aceita-se a certeza de outra ciência, emprestada na definição do objeto jurídico "território" por meio de conceitos outros, que escapam a ideia de norma.

A despeito da definição circular e dependente de recursos extrajurídicos, nenhum jurista nega a relevância das normas que definem o território pela atribuição de limites, dividindo-as entre aquelas que expõem o conceito em termos genéricos e amplos, como a disposição do art. 5º do Código Penal e aquelas que o fixam por meio de enunciados com maior carga de concretude, como é o caso das várias convenções e ajustes internacionais para a fixação em termos precisos das linhas de fronteira, dos dispositivos constitucionais que criam a chamada "faixa de fronteira" (art. 20, §2º) ou ainda da Lei 8.617 de 1993 que, com mais precisão, fixa a extensão do mar territorial em:

---

113. Para dar corpo ao enunciado em termos genéricos, cite-se HELENO CLÁUDIO FRAGOSO: "*Não se trata de conceito geográfico, mas de conceito jurídico: território é todo espaço onde se exerce a soberania do Estado. Compreende, em primeiro lugar, o espaço territorial delimitado pelas fronteiras do país, sem solução de continuidade, inclusive os rios, lagos e mares interiores, bem como as ilhas e outras porções de terras separadas ao solo principal.*" (FRAGOSO, Heleno Cláudio. *Lições de Direito Penal. Parte Geral*. Rio de Janeiro: Forense, 1995, p. 113. Destaquei).

114. MERLEAU-PONTY, Maurice. *Fenomenologia da Percepção*. São Paulo: Martins Fontes, 2011, p. 339.

Art. 1º [...] doze milhas marítima de largura, medidas a partir da linha de baixa-mar do litoral continental e insular, tal como indicada nas cartas náuticas de grande escala, reconhecidas oficialmente no Brasil.

Emprega-se o conceito de *território* para tratar do *domínio de vigência espacial, âmbito eficacial territorial* e outras expressões que, em comum, designam aquela classe que serve como domínio (o espaço como recipiente, τόπος, *cosmos*) utilizado na identificação das subclasses que, por sua vez, recebem a denominação de lugares (κόσμος, *topoi*).

## 8.3. O lugar do crime

A segunda etapa do estudo dos penalistas na solução do problema do espaço das condutas é, uma vez definido o universo do discurso, na forma de território, como identificar o *lugar do crime*? Isto é, o local em que teria ele *acontecido*, a fim de conferir se a unidade espacial identificada pode corresponder à unidade jurídica que a legislação nacional considera crime e, também, para verificar se é possível o exercício da jurisdição penal brasileira para julgar e apenar o infrator.

Saber *onde ocorreu* a conduta delituosa não é tarefa óbvia, já escrevia o professor de Palmares:

> O princípio da territorialidade exige não só a definição do que seja território, mas ainda a determinação do que venha a ser o lugar do crime, isto é, exige que se determine quando o fato punível deve considerar-se praticado no território do Estado, e, portanto, sujeito à sua jurisdição. <u>Problema de solução evidente quando os momentos em que se desdobra o fato punível ocorrem no mesmo lugar, mas que se complica, desde que a marcha do crime se desenvolva através de lugares diferentes, sobretudo quando atinge dois ou mais países, nos chamados crimes a distância.</u>[115]

---

115. BRUNO, Aníbal. *Direito Penal*. Parte Geral. Tomo I. Rio de Janeiro: Forense, 2005, p. 143.

As condutas jurídicas, sendo sempre o resultado da atribuição de sentido unitário a uma reunião de movimentos, segundo as regras do código linguístico do direito, podem referir-se a um conjunto cujas partes integrantes podem estar dispersas no espaço. Assim, por exemplo, quando o ato que inicia a prática do delito tenha se iniciado no lugar $x$, a vítima sofrera o impacto em $y$, mas somente venha a falecer no local $z$. Daí advém as dificuldades para identificar aquele que, dentre todas as possibilidades que a complexidade espacial do fenômeno apresenta ($x$, $y$ ou $z$), será o lugar do crime. Isso porque a noção traçada de lugar, como *unidade* do espaço, somente pode ser transposta à conduta se sua complexidade espacial for reduzida, por meio da decisão, às referências espaciais de um desses movimentos que a integra.

A chamada *teoria do lugar do crime* ocupa-se da estipulação de critérios que possam orientar o corte e, logo, a atividade decisória do legislador e do aplicador da norma jurídica quanto às condições de espaço em que se imputa ocorrida a conduta delituosa. De toda a complexidade espacial que pode envolver os movimentos componentes da conduta, será apenas aquele local apontado pela legislação considerado o *lugar do crime*. Sua fixação atende a dois propósitos: (i) define-se a competência para fazer incidir a norma punitiva, bem como a (ii) aplicabilidade *material* da lei penal.

Tradicionalmente, divide-se o estudo do *locus delictus* em três "teorias", enunciadas pelos critérios: (a) do lugar da atividade; (b) do lugar do resultado; (c) da ubiquidade. Explica-os **HELENO CLÁUDIO FRAGOSO**:

> *a) Teoria da ação* (ou da atividade) – Lugar do crime é onde for praticada a ação ou realizada a omissão. Se uma pessoa é atingida no Brasil e vem a falecer no Uruguai, nosso país será o lugar do crime. O defeito desta teoria é excluir a atuação do Estado em que foi efetivamente consumado o ataque ao bem jurídico tutelado, onde o crime produziu, afinal, seus efeitos anti-sociais;

*b) Teoria do resultado* – Lugar do crime é onde se verifica o resultado típico do crime, sendo irrelevante a intenção do agente e o lugar em que a ação foi praticada. Exclui, assim, a atuação do Estado onde a ação foi praticada, cujo interesse na repressão do fato é manifesto.

[...]

*c) Teoria da ubiqüidade* Esta teoria considera como lugar do crime tanto aquele em que se pratica a ação como aquele em que se verifica o resultado ou aquele em que o bem jurídico é atingido. Se a ação é praticada no Brasil e a pessoa é atingida na Argentina (efeito intermédio), vindo a falecer no Chile, considera-se o crime praticado nos três países. Esta é a teoria mais difundida na legislação, pois é a que mais atende aos interesses da repressão à criminalidade. Foi a adotada pelo nosso código (art. 6º, CP). Será assim, punível pela nossa lei o crime cometido, no todo ou em parte, no território nacional ou o que nele, embora parcialmente, produziu seu resultado. Como já fizemos notar, o crime não se fraciona por ultrapassar as fronteiras e será punido em sua inteireza mesmo que só parcialmente executado em nosso território. Não interessam, porém, os atos preparatórios nem os efeitos posteriores ao momento consumativo. Se o delinqüente penetra no território nacional com o produto do crime, nem por isso se considerará o fato praticado no Brasil.[116]

Enquanto a teoria da ação e a do resultado parecem apresentar menos problemas com tudo que até aqui se falou sobre a mensuração e a unidade da conduta, a chamada *teoria da ubiquidade* expõe uma dificuldade: se o lugar do crime pode ser tanto o da ação como o do resultado, como afirmar que uma conduta jurídica tem um – e somente um – lugar?

ANÍBAL BRUNO traz boa resposta ao problema ao afirmar que, a despeito de serem diversos os lugares dos movimentos comissivos e do resultado, quando há a opção legislativa ou

---

116. FRAGOSO, Heleno Cláudio. *Lições de Direito Penal*. Parte Geral. Rio de Janeiro: Forense, 1995, pp. 117-118.

do intérprete competente por um deles, não se rompe com a unicidade da conduta, isto é, ainda que, para identificar o *lugar do crime*, seja recortado um ou mais de um movimento componente do procedimento que forma a conduta, este recorte não cinde a *unidade de sentido atribuída* a essa conduta:

> [...] o que se tem a punir não é só a fração do crime que se realizou realmente dentro do país. O crime é um todo indivisível. E, se chegou à consumação, é como crime consumado que será punido, mesmo onde se deu apenas o começo da execução. Tomando-se por atividade executiva qualquer ato que lhe dê início, a continua, ou, finalmente, a consuma.[117]

Quando há a pluralidade de lugares identificados na construção dos fatos probatórios, a competência – reflexo da definição do lugar do crime – é estabelecida segundo algumas regras, como a da prevenção (art. 83 do Código de Processo Penal). Sempre deve haver uma regra de direito que, com uma escolha, ponha fim à discussão sobre o lugar do crime, preservando a unidade de sentido da conduta e permitindo a incidência da norma penal e a construção do fato jurídico crime.

HELENO FRAGOSO ao comentar as mencionadas teorias do lugar do crime, trata da possibilidade de conflitos de jurisdição:

> Essas duas teorias [atividade e resultado] têm ainda o defeito de provocarem conflitos negativos de jurisdição (quando o Estado em que se deu a ação adota a teoria do resultado, e aquele em que se deu o resultado adota a teoria da ação), conduzindo à impunidade do criminoso.
>
> [...]

---

117. BRUNO, Aníbal. *Direito Penal. Parte Geral.* Tomo I. Rio de Janeiro: Forense, 2005, pp.144-145.

> O inconveniente que se argúi contra a teoria da ubiqüidade é o da duplicidade eventual de julgamento (no país e no estrangeiro pelo mesmo fato), já que, em qualquer caso, será aplicável a lei brasileira. Todavia, os códigos modernos evitam tal inconveniência, tomando em consideração a pena imposta no exterior. O art. 8º de nosso Código dispõe: "A pena cumprida no estrangeiro atenua a pena imposta no Brasil pelo mesmo crime, quando diversas, ou nela é computada, quando idênticas."[118]

À primeira das críticas, considerando as premissas fixadas no princípio deste livro, poder-se-ia dizer que, juridicamente, inexiste fato criminoso, pois o acontecimento não se adéqua aos critérios do termo antecedente da norma penal. Logo, se impunidade há, esse dado tem relevância apenas à construção de políticas criminais e nenhuma consequência imediata pode ter sobre o sentido atribuído aos textos de direito positivo.

A segunda delas deriva de um equívoco que deve ser desfeito desde logo: a unidade do crime não é atributo a ele inerente, mas estabelecido conforme os recortes da lei. Em outras palavras, é uno somente na medida em que a lei estipula assim. Em rigor, não se pode dizer que a lei penal brasileira e a estrangeira são aplicadas a um mesmo conjunto de movimentos, a um fato criminoso, pois que um e outro ordenamento utilizam critérios cujos fundamentos são diversos para atribuir o sentido a conduta. Sendo assim, ainda que pareçam entre si, trata-se de duas condutas criminosas, construídas por diferentes critérios, pelos motivos que vimos de ver no item 3 deste Capítulo.

## 8.4. As duas categorias espaciais fundamentais

Para que possamos aproveitar essas noções do Direito Penal em uma pesquisa de Direito Tributário será preciso

---

118. FRAGOSO, Heleno Cláudio. *Lições de Direito Penal. Parte Geral*. Rio de Janeiro: Forense, 1995, p. 118.

despojar-se dos aspectos semânticos próprios da legislação criminal, fazer os ajustes metodológicos para adequar o raciocínio às premissas aqui traçadas e, dessa maneira, isolar aquilo que, não sendo peculiaridade desse conjunto de normas, é traço comum à incidência de toda e qualquer regra do direito.

Pois bem, as noções que orientam a aplicação da lei penal no espaço giram em torno de dois conceitos: o território e o lugar do crime. O primeiro diz respeito ao que, na Teoria do Direito, costuma-se chamar domínio de vigência das leis, firma uma referência a partir da qual se devem traçar as relações espaciais para que se possa definir o lugar do crime enquanto subclasse da primeira.

Diz-se que o lugar do crime guarda relação com o território, pois mesmo em situações de chamada extraterritorialidade, a legislação condiciona que os crimes cujos atos comissivos sejam realizados para além das fronteiras apenas poderão ser punidos no Brasil nas hipóteses em que: (1) seu resultado aqui se verifique (atendidas as condições do art. 7º, I, do Código Penal) ou (2) esteja no país o delinquente (e preenchidos os demais requisitos do art. 7º, §2º do mesmo diploma).

Nos dois casos de extraterritorialidade, observa-se que a legislação brasileira atribui sentido a situações estabelecidas em solo brasileiro para fundar o seu "interêsse nacional lesado", utilizando-se a expressão de BASILEU GARCIA.[119] Ocorre que esse "interêsse" não é – nem poderia ser – a instância intersubjetivamente apreciável, mas apenas aquilo que restou objetivamente firmado nos enunciados que dispõem sobre os requisitos para a aplicação "extraterritorial" da lei penal. Somente nesses casos, pode-se desprezar a complexidade espacial dos movimentos realizados além da fronteira para atribuir o

---

119. GARCIA, Basileu. *Instituições de Direito Penal*. V.1. T.1. São Paulo: Max Limonad, 1956, pp. 162-163.

lugar do crime ao território nacional e, assim, fixar sua punibilidade pela lei brasileira. O lugar do crime, a despeito de ter este sido cometido com uma série de movimentos praticados no exterior, passa a ser o do resultado em solo brasileiro, pois é a essa fração, também integrante do conjunto de movimentos componentes da conduta, que a lei atribui o sentido de conduta exercida e imputável no país.

Essas categorias são reveladoras de como o direito vale-se das concepções de *universo* e *lugar* – seguindo a tradição que pensa o espaço como relações de recipiente e conteúdo – para, definindo-as como classes, inserir a segunda dentro da primeira. Trata-se de operação lógica de inclusão de classe, em que se percebe, nitidamente, um superconjunto (o território) e uma subclasse (o lugar do crime).

Esse mecanismo, no entanto, é reproduzido em todo o direito. Quer no penal, quer no tributário. Engana-se o estudioso d'uma área sempre que descreve a figura lógica do tipo, seja ele o *penal* ou o *fato gerador* do direito tributário. Nos contornos do direito tributário, ALFREDO AUGUSTO BECKER já advertia:

> A fenomenologia do "fato gerador" (hipótese de incidência, suporte fáctico, etc.) não é especificidade do Direito Tributário e nem do Direito Penal, pois toda e qualquer regra jurídica (independente de sua natureza tributária, civil, comercial, processual, constitucional, etc.) tem a mesma estrutura lógica: a hipótese de incidência ("fato gerador", suporte fáctico, etc.) e a regra (norma, preceito, regra de conduta) cuja incidência sobre a hipótese de incidência fica condicionada à realização desta hipótese de incidência.[120]

Desse modo, seja no direito penal, seja no tributário ou qualquer outro quadrante do discurso jurídico em que se opte

---

120. BECKER, Alfredo Augusto. *Teoria Geral do Direito Tributário*. São Paulo: Noeses, 2010, p. 338.

pela forma do juízo hipotético condicional para descrever suas normas, no termo antecedente das normas, a descrição dum fato, deve-se valer dessas duas categorias para balizar o recorte espacial.

A primeira considerada o domínio dentro do qual se dão as possibilidades de cometimento das condutas típicas, ou melhor, de aplicação da legislação e consequente quadramento da conduta como fato jurídico. A classe formada pela atribuição desse critério corresponderá àquilo que chamamos *domínio espacial de vigência*, pois é dentro desse conjunto que a norma pode produzir seus efeitos; os penalistas ocuparam-se disso na definição de território.

Porém, definir a classe do âmbito de vigência não basta à interpretação da norma jurídica: é preciso buscar nos limites do tipo o momento de sua consumação para identificar, segundo as prescrições legais, qual (ou quais) dentre as várias etapas do conjunto de movimentos, que está por detrás de cada conduta, corresponderá ao *tempo* e o *lugar do crime*.

Essa noção de *lugar do crime* padece da mesma ambiguidade apresentada pela expressão "fato gerador" no Código Tributário Nacional:[121] com sua enunciação confundem-se em uma só figura concretamente documentada (crime) a previsão abstrata feita na legislação e aquela produzida nos instantes que presidem a aplicação do tipo penal à situação concreta[122] e a consequente formação do fato jurídico penal.

---

121. ALFREDO AUGUSTO BECKER, a respeito da expressão "fato gerador", denuncia acerbamente: *"esta é uma expressão que os cientistas das finanças públicas construíram, aglutinando vocábulos por eles mal compreendidos e catados na Teoria Geral do Direito, o que explica o perfume de santidade jurídica que envolve dita expressão e que torna sua falsidade ainda mais perigosa. "Fato gerador" não gera coisa alguma."* (BECKER, Alfredo Augusto. *Teoria Geral do Direito Tributário*. São Paulo: Noeses, 2010, p. 89).
122. Proposta interessante de desambiguação do termo "fato gerador" é feita por GERALDO ATALIBA: *"Tal é a razão pela qual sempre distinguimos estas duas coisas, denominando "hipótese de incidência" ao conceito legal (descrição legal, hipotética, de um fato, estado de fato ou conjunto de circunstâncias de*

Quando está na legislação penal, corresponde ao critério espacial *em abstrato*, da norma geral e abstrata; quando está na decisão judicial, corresponderá ao critério espacial *em concreto*, da norma individual e concreta. Nos dois casos, é perceptível que o critério espacial conota ou denota os traços necessários a que o intérprete possa voltar sua atenção àquela porção da totalidade do espaço (o lugar firmado em meio ao domínio espacial de vigência) na qual pode atribuir-se a realização da conduta tipificada.

Para que possa cumprir as regras esboçadas por COPI para uma boa definição,[123] o critério espacial da norma penal não pode corresponder à simples enunciação coincidente com o território. Quando assim o faz, contraria a terceira delas (*não deve ser excessivamente ampla, pois nada reduziria da complexidade do mundo, nem excessivamente estreita, pois a nada se aplicaria*) e, apesar de logicamente correta, seria *inútil* à solução de eventual conflito de competências. As consequências, que podem aparentar ser poucas no Direito Penal, são importantíssimas no Direito Tributário, dados os rigores que a extensa divisão de competências traçada na Constituição da República impõe ao exercício da capacidade legiferante de cada Ente Público.

Para que bem se possa cumprir o papel definidor do critério espacial deve-se fazer referência ao conteúdo atribuído por meio do feixe de normas que permita averiguar, no tipo,

---

*fato) e "fato imponível" ao fato efetivamente acontecido, num determinado tempo e lugar, configurando rigorosamente a hipótese de incidência."* (ATALIBA, G. *Hipótese de Incidência Tributária*. São Paulo: Malheiros, 2008, p. 54). PAULO DE BARROS CARVALHO, fazendo algumas ressalvas à expressão "fato imponível", prefere cindi-la em "fato jurídico tributário" e "evento", separando assim o relato, o fato protocolarmente relatado em linguagem jurídica, do acontecimento relatado, o evento. (Cf. CARVALHO, P. B. *Curso de Direito Tributário*. São Paulo: Saraiva, 2012, p. 254). Poderíamos, sem maiores problemas, substituir os adjetivos que designam cada subsistema jurídico e ficar com *hipótese penal* e *fato jurídico penal*.
123. Sobre elas, ver o item 3.1. do Capítulo Primeiro.

qual o lugar em que o crime reputa-se cometido. Essas circunstâncias costumam vir relacionadas às coordenadas de tempo que auxiliam a identificar, na sucessão das etapas formadoras do procedimento da conduta típica, aquela suficiente à caracterização do tipo.

## 9. Espaço físico e normas jurídicas

Vimos de ver que o direito precisa dar sempre ao menos duas definições para que possa operar o fenômeno da incidência: a de território e a de lugar do fato. Tradicionalmente, tem-se associado a noção de território à uma fração geográfica pela qual se espalha o Estado e o seu poder de soberania. É assim que o definem muitos grandes estudiosos do Estado, como GEORG JELLINEK:

> La tierra sobre la que se levanta la comunidad Estado, considerada desde su aspecto jurídico, significa el espacio en que el poder del Estado puede desarrollar su actividad específica, o sea, la del poder público. En este sentido jurídico, la tierra se denomina territorio. La significación jurídica de éste se exterioriza de una doble manera: negativa una, en tanto que se prohíbe a cualquier otro poder no sometido al del Estado ejercer funciones de autoridad en el territorio sin autorización expresa por parte del mismo; positiva la otra, en cuanto las personas que se hallan en el territorio quedan sometidas al poder del Estado.[124]

---

124. Traduzindo livremente: "A terra sobre a qual se levanta a comunidade Estado, considerada desde seu aspecto jurídico, significa o espaço em que o poder do Estado pode desenvolver sua atividade específica, ou seja, a de poder público. Neste sentido jurídico, a terra se denomina território. A significação jurídica deste se exterioriza de uma dupla maneira: negativa uma, tanto que se proíbe a qualquer outro poder não submetido ao do Estado exercer funções de autoridade no território sem autorização expressa por parte do mesmo, positiva a outra, enquanto as pessoas que se acham no território ficam submetidas ao poder do Estado." JELLINEK, Georg. *Teoría General del Estado*. México: FCE, 2000, p. 368.

A ideia central que aparece no pensamento de JELLINEK e de muitos outros autores é a de que o "aspecto jurídico" do território deriva de seu poder, sua soberania. Esse critério, como logo se vê, funda-se em uma concepção sociológica do direito, interessada em compreendê-lo pelas relações sociais "reais", como demonstra esta passagem do mesmo autor alemão:

> El territorio del Estado tiene dos propiedades: es, de un lado, una parte del Estado, considerado éste como sujeto, lo cual es una consecuencia lógica de que los hombres que viven de continuo en un territorio sean miembros de este Estado, y, por consiguiente, el Estado mismo adquiere este carácter sedentario peculiar a sus miembros. Igualmente resulta esto de las relaciones sociales reales.[125]

O espaço, como o pensa JELLINEK, é algo de existência física efetivamente modificado pelo avanço das relações sociais, estas "reais". Nesse ponto, aproxima-se da concepção que dele fazia PONTES DE MIRANDA, aqui explicada por NELSON SALDANHA:

> Como realidades fácticas, o social e o jurídico estariam ligados a condições concretas, inclusive ao tempo e ao espaço. Em certa passagem da Introdução à Sociologia Geral, Pontes mencionou o espaço social (com suas «variantes» de tempo) como fator de deformação do ser biológico, aludindo ao «organismo coletivo» que se conserva alterando-se, e também ao *quantum* despótico que se faz variar na sociedade o grau de liberdade social. O Direito basicamente

---

125. Em português: "O território do Estado tem duas propriedades: é, de um lado, uma parte do Estado, considerado este como sujeito, o que é consequência lógica de que os homens que vivem continuamente em um território sejam membros deste Estado, e, por conseguinte, o Estado mesmo adquire este caráter sedentário peculiar de seus membros. Igualmente resulta isto das relações sociais reais." JELLINEK, Geog. *Teoría General del Estado*. México: FCE, 2000, p. 369.

visto como fenômeno de adaptação, confirma sob este prisma seu larguíssimo perfil: «onde há espaço social há direito», diz certo passo do Sistema, exibindo com ênfase uma visão fiscaliza inconfundível.

[...]

O tempo e o espaço de que tratava Pontes, ao situar o enquadramento real do social e do jurídico, não eram porém o tempo e o espaço no sentido de Kant; nem eram o tempo e o espaço existenciais, de que, com base sobretudo em Heidegger, tratou Lorenzo Carnelli em conhecido e sugestivo livro, no qual se situam épocas e prazos como dimensões da intrínseca temporalidade do Direito. No caso de Pontes, o tempo e o espaço eram entendidos efetivamente no sentido físico, como dos fisicamente mensuráveis e correspondentes a uma concepção naturalista do direito. [126]

O problema, como se viu, de assim pensar o espaço do Estado – e, logo, do direito – está na impossibilidade lógica de realizar a operação de inclusão de classes entre conceitos construídos com diferentes critérios: o corte sociológico de um lado, o corte jurídico de outro.

Coube a KELSEN, na radicalidade do método proposto em sua *Teoria Pura do Direito*, romper com essa concepção para afirmar, peremptoriamente, que *território é norma*:

O território do Estado é um espaço rigorosamente delimitado. Não é um pedaço, exatamente limitado, da superfície do globo, mas um espaço tridimensional ao qual pertencem o subsolo, por baixo, e o espaço aéreo por cima da região compreendida dentro das chamadas fronteiras do Estado. É patente que a unidade deste espaço não é uma unidade natural, geograficamente definida. A um e mesmo espaço

---

126. SALDANHA, Nelson. *Espaço e tempo na concepção do direito de Pontes de Miranda*. In: CARCATERRA, Gaetano; LELLI, Marcello; SCHIPANI, Sandro. *Scienza Giuridica e Scienze Sociale in Brasile: Pontes de Miranda*. Padova: CEDAM, 1989, pp. 46-47.

> estadual podem pertencer territórios que estejam separados pelo mar, o qual não constitui domínio de *um só Estado* ou pelo território de um outro Estado. Nenhum conhecimento naturalístico, mas só um conhecimento jurídico, pode dar resposta à questão de saber segundo que critério se determinam os limites ou fronteiras do espaço estadual, o que é que constitui a sua unidade. O chamado território do Estado apenas pode ser definido como o domínio espacial de vigência de uma ordem jurídica estadual.[127]

O pensamento "puro" é argumento com o qual consentem muitos juristas e, de fato, apresenta vantagens epistemológicas ao propiciar a formulação de um corte puramente jurídico, livre da mancebia irregular dos métodos de que falava ALFREDO AUGUSTO BECKER.[128]

Mantê-lo, no entanto, é um pouco mais difícil do que parece. Na tentativa, muitos autores rapidamente substituem o critério por outro, mas ainda voltando à noção de relações factuais de poder, como se pode observar nesse excerto de autoria de MICHEL TEMER em que o autor afirma ser jurídica a definição de território para, em seguida, recuar à noção política de soberania:

---

127. KELSEN, Hans. *Teoria Pura do Direito*. São Paulo: Martins Fontes, 2008, p. 319. Sublinhei.
128. "*Além da infeliz mancebia do Direito Tributário com a Ciência das Finanças Públicas que o desviriliza – pois exaure toda a juridicidade da regra jurídica tributária – sucede que a maior parte das obras tributárias que pretendem ser jurídicas, quando não padecem daquela hibridez, é simples coletâneas de leis fiscais singelamente comentadas à base de acórdãos contraditórios e paupérrimos de argumentação cientificamente jurídica, cuja utilização prática está condicionada à curta vigência da lei fiscal, por natureza a mais mutável das leis. O consulente sente-se orientado mais pela quantidade física e autoridade hierárquica dos acórdãos que pela análise verdadeiramente jurídica do problema. A adição dos acórdãos determina a soma dos dinheiros para a satisfação do débito fiscal e a Ciência Jurídica Tributária converte-se numa operação aritmética de nível primário.*" (BECKER, Alfredo Augusto. *Teoria Geral do Direito Tributário*. São Paulo: Noeses, 2010, p. 5).

> É bom esclarecer que território, elemento essencial do Estado, seu elemento corporificador, não o define como ser eminentemente territorial. <u>É que "território" não é noção que se possa apanhar no mundo natural, mas no mundo jurídico. Com efeito, será território do Estado aquele no qual atue a soberania nacional.</u> Só assim é possível explicar-se o fenômeno das embaixadas e até mesmo o direito de asilo. E o próprio espaço aéreo como parte integrante do Estado. E os navios da marinha mercante, que constituem território do Estado quando em alto mar, deixando de sê-lo quando atracados em porto estrangeiro, ocorrendo o contrário com os navios de guerra que não deixam de ser território nacional por se encontrarem atracados em porto alheio. A base física territorial consistente no navio mercante ou de guerra, evidentemente, não mudou. Modificou-se o fenômeno da atuação da soberania sobre eles.[129]

Mais adequado às premissas adotadas no Capítulo Primeiro para se afirmar, com KELSEN, que um território existe na precisa medida em que suas normas assim o definam. A soberania, as relações sociais de poder "real", assim como qualquer referência feita ao espaço físico, somente podem ser tomadas como delineadoras do território juridicamente apreciável na medida em que as normas de um ordenamento sobre esses aspectos dispuserem.

O território jurídico, utilizado para fazer referências nas operações de subsunção próprias da incidência das normas de direito, não nasce da soberania. Provém da enunciação normativa, por meio d'uma *norma ôntica*, como a chama GREGORIO ROBLES, que estabelece o seu:

> [...] caráter convencional, já que não é uma qualidade "natural" do Estado, senão que é convencionalmente estabelecido mediante as fronteiras, os limites das águas jurisdicionais,

---

129. TEMER, Michel. *Território Federal nas Constituições Brasileiras*. São Paulo: RT, 1975, p. 4.

o espaço aéreo e o subsolo, este último em forma cônica, cuja base constitui o espaço superficial e o vértice, o centro da terra. Além disso podem se integrar outros espaços sobre os quais se tenha estabelecido seu regime mediante pactos internacionais.[130]

Seja como dispuser a norma, certo é que, fixando o território traçam-se as linhas definidoras do âmbito espacial de vigência. Isto é, do domínio que há de comportar todos os lugares das condutas juridicamente relevantes para um certo ordenamento, ainda que nesse intervalo não figure a base espacial socialmente verificável de todos os movimentos formadores da conduta jurídica.

Assim sucede, por exemplo, na tributação da renda auferida no exterior por residente no Brasil: a residência, quando for este o lugar eleito pela legislação, deve estar no território nacional, ainda que os demais movimentos componentes da conduta nele não tenham sido praticados.

## 10. O lugar da conduta jurídica

Conforme exposto, toda conduta pode ser descrita nos termos de um procedimento. Da mais simples a mais complexa, chama-se conduta a um conjunto de movimentos ordenados para a consecução de uma ação ao qual se atribui significado unitário.[131]

Assim como é possível que todos os movimentos componentes da conduta tenham as mesmas condições espaciais, concentrando-se num só ponto empiricamente verificável, também pode acontecer que esses movimentos estejam dispersos

---

130. ROBLES, Gregorio. *As Regras dos Direito e as Regras dos Jogos*. São Paulo: Noeses, 2011, p. 38.
131. ROBLES, Gregorio. *O Direito como Texto*. São Paulo: Manole, 2005, pp. 12-13.

no espaço social e que, em uma conduta, seja possível identificar vários movimentos, cada qual com seu distinto lugar geográfico.

O direito, havendo de categorizar as condutas sociais, para cumprir seu desígnio de imputar-lhes efeitos jurídicos, faz isso por meio da construção de fatos jurídicos que, enquanto relatos, são recortes sobre a complexidade do objeto social. Atuam reduzindo-os a uma pequena porção de elementos, estipulando os critérios dessa classificação segundo os dispositivos normativos, selecionando alguns traços e desprezando outros, para compor a narrativa jurídica. Nela, a coincidência com o *real* de uma sociedade é mera contingência e não necessidade, como já advertia LOURIVAL VILANOVA:

> [...] nem tudo da realidade física ou social entra no quadro esquemático da *hipótese* da proposição normativa, que a multiplicidade intensiva e extensiva do real requer a operação conceptual normativa, forçosamente simplificadora, inevitavelmente abstrata, pelo processo de esquematização ou tipificação do fáctico. A hipótese ou o pressuposto é a via aberta à entrada do fáctico no interior do universo-do--Direito. Fato da natureza ou fato de conduta entram se há pressupostos ou hipóteses que os recolham, e entram na medida em que o sistema o estabelece. O tipo, que está na hipótese, é o conjunto de fatos que satisfazem a predicação, isto é, a conotação seletivamente construída. Por isso, o *fato jurídico* pode ou não coincidir com o *suporte fáctico total*.[132]

Desse modo, saber qual o lugar de uma conduta é conhecer qual, dentre os muitos lugares socialmente perceptíveis no respectivo procedimento (o *"set of movements"* de WRIGHT), corresponde ao feixe de sentido (a *"intent"* de WRIGHT) que, por meio dos enunciados de textos normativos, empregou-se

---

132. VILANOVA, Lourival. *As Estruturas Lógicas e o Sistema do Direito Positivo*. São Paulo: Noeses, 2005, p. 202.

para a ela atribuir significação unitária (GREGORIO ROBLES) e jurídica (HANS KELSEN).

Trata-se de relação construída não na espontaneidade e dinâmica das relações sociais, mas que é fruto do trabalho criativo do legislador que, enquanto poeta[133] do direito, *imputa* lugares às condutas, não havendo de coincidir com aquele ao qual a maior parte das pessoas entenda ser o seu lugar segundo os critérios da linguagem social.

O evento, na sua infinidade e irrepetibilidade de aspectos, não pode ter *lugar jurídico*, pois, sendo elemento do mundo do "ser", não poderia quadrar-se em classe construída segundo critérios do plano do "dever-ser". Assim, somente fatos jurídicos, isto é, os relatos produzidos por meio de linguagem competente e segundo as prescrições do código linguístico jurídico, podem ter *lugar jurídico*. Tampouco se pode dizer que ocorrem eventos no espaço jurídico, pois que a espacialidade do direito, constituindo classe formadora do domínio da facticidade jurídica, somente poderia ser composta por linguagem construída no plano do dever-ser, ou seja, por fatos juridicamente relatados.

A cada sorte de linguagem, devem corresponder critérios próprios, traçados conforme o propósito de cada discurso: o do direito, tendo por fim domar a realidade social para nela implantar determinados valores, não existe para com ela *coincidir*, mas sim *incidir*[134] devendo ater-se aos seus próprios critérios.

---

133. Inspirado na obra de VILÉM FLUSSER, PAULO DE BARROS CARVALHO diz que o legislador, em seu papel criativo inaugural de normas, é o poeta da linguagem do direito. (CARVALHO, Paulo de Barros. *Poesia e Direito – O legislador como poeta: Anotações ao pensamento de Flusser*. In: CARNEIRO, J. et HARET, F. *Vilém Flusser e os Juristas*. São Paulo: Noeses, 2011, p. 52).

134. VILANOVA, Lourival. *Causalidade e Relação no Direito*. São Paulo: RT, 2002.

Dessa assertiva sobrevém importante conclusão quanto à liberdade estipulativa que goza o legislador para eleger o lugar d'uma conduta, deve ele encontrar constrangimentos para sua escolha apenas em meio aos enunciados jurídicos que, direta ou indiretamente, determinam sua competência.

Somente pensando-se dessa maneira poder-se-á fundar objeções ou afirmar a procedência do exercício de competência num determinado caso que não resvalem para o domínio dos argumentos extrajurídicos, como a recorrente noção de "soberania", que maculam o corte epistemológico do Direito e atuam em desfavor da seriedade na avaliação crítica da legislação.

Quais então os constrangimentos que se impõem à competência impositiva para a escolha do lugar da conduta juridicamente relevante para fins tributários? Será esse o propósito do Capítulo Terceiro.

# Capítulo Terceiro
## COMPETÊNCIA, TERRITÓRIO E LUGAR NO DIREITO TRIBUTÁRIO

### 1. Sobre os itens que integram este capítulo

Para que se possa transpor todas as considerações tecidas nos capítulos anteriores ao exame da matéria tributária, penso que seja oportuno esclarecer, com detalhes e em atenção às particularidades que as exações fiscais exigem, os processos nomogenéticos[135] que envolvem a competência e a incidência.

Somente após aclarados esses pontos, será possível estabelecer definições, precisas e adequadas, das duas categorias com que se tratou do espaço no capítulo anterior: o domínio espacial de vigência e o lugar ao qual se atribui a conduta.

Tendo firmado o alcance dos conceitos mencionados e também que a estipulação dos critérios definidores do lugar

---

135. Tomo aqui emprestada a expressão de TÁCIO LACERDA GAMA, que assim a define *"ação, ou conjunto de ações, que tem como resultado a produção de normas no sistema de direito positivo."* (GAMA, Tácio Lacerda. *Competência Tributária. Fundamentos para uma teoria da nulidade*. São Paulo: Noeses, 2011, p. XLV).

da conduta é sempre fruto da escolha positivada na lei, tratarei de cinco constrangimentos que o direito positivo brasileiro impõe a essa seleção e de como elas afetam o processo de positivação das normas jurídicas tributárias.

## 2. Retomando as categorias: competência e incidência

Para os fins deste escrito, importa divisar dois momentos no percurso de positivação das normas jurídicas tributária. O raciocínio que foi tecido em linhas gerais no Capítulo Primeiro, será agora retomado para evidenciar algumas particularidades que a matéria tributária impõe ao seu exercício.

### 2.1. Competência tributária

Chamei competência, no Capítulo Primeiro, à realização do procedimento com que se introduzem, no ordenamento jurídico, normas com previsões gerais e abstratas, por meio de normas gerais e concretas, também chamadas de veículos introdutores.

Deve-se diferençá-la da chamada *capacidade tributária ativa*, que indica a aptidão de uma pessoa para figurar na situação de sujeito ativo de relação jurídica tributária, por estar indicada no critério pessoal da regra-matriz de incidência tributária. Muito embora a *extensão do conceito* costume coincidir, sendo o ente que detém a competência muitas vezes o titular de direito subjetivo sobre o tributo, não se pode dizer que a *intensão* da classe seja a mesma. Um sujeito é competente para produzir as normas gerais e abstratas porque a Constituição prescreve sua competência; é titular de capacidade tributária ativa na medida em que essa norma geral e abstrata, formada pelo completo desempenho da competência, prescreve sua posição de sujeito ativo numa relação jurídica tributária. O exemplo, que é ponto de apoio fundamental na construção do conhecimento, mostra que há situações em que a Lei Federal, como aquela de número 8.906/1994, institui contribuição a ser paga pelos advogados à Ordem dos Advogados do Brasil, pessoa juridicamente diversa da União, a quem coube o exercício da competência.

As normas que programam o exercício da conduta nomogenética na matéria de tributos vêm orientadas por certos princípios que imprimem especificidade ao conjunto de normas de competência tributária. Tanto é assim que ROQUE ANTONIO CARRAZZA identifica seis atributos desse regime competencial:

> (I) privatividade
>> No Direito Brasileiro, a União, os Estados, os Municípios e o Distrito Federal, no tocante à instituição de tributos, gozam de *privatividade*, ou, se preferirmos, de *exclusividade*. A bem dizer, todos eles têm faixas tributárias privativas;[136]
>
> (II) indelegabilidade
>> Aí está: é próprio da competência concedida pela Constituição o atributo da indelegabilidade. Noutros termos, o titular de uma competência, seja qual for, inclusive a tributária, não a pode transferir, quer no todo, quer em parte, ainda que por meio de lei;[137]
>
> (III) incaducabilidade
>> A competência tributária é, também, *incaducável*, já que seu não exercício, ainda que prolongado no tempo, não tem o condão de impedir que a pessoa política, querendo, venha a criar por meio de lei, os tributos que lhe forem constitucionalmente deferidos. Perdura, pois, no tempo, sendo juridicamente impossível dizermos que decaiu, por falta de aplicação ou exercício. Esta característica,

---

136. CARRAZZA, Roque Antonio. *Curso de Direito Constitucional Tributário*. São Paulo: Malheiros, 2010, p. 528.
137. *Op. Cit.*, p. 682.

diga-se de passo, é conseqüência lógica da incaducabilidade da função legislativa, da qual a função de criar tributos é parte;[138]

(IV) inalterabilidade

A competência tributária é improrrogável, vale dizer, não pode ter suas dimensões ampliadas pela própria pessoa política que a detém. Falta-lhe titulação jurídica para isto.

[...]

Se, porventura, uma pessoa política pretender, por meio de norma legal ou infralegal, dilatar as raias de sua competência tributária, de duas, uma: ou esta norma invadirá seara imune à tributação ou vulnerará competência tributária alheia. Em ambos os casos será inconstitucional;[139]

(V) irrenunciabilidade

Falece à pessoa política o direito de decidir, ainda que o faça por meio de lei (quanto mais por meio de decreto, portaria, ato administrativo etc.), que não mais tributará determinado fato, inscrito em sua esfera de competência tributária. Exemplificando, é interdito à União abrir mão da competência que recebeu da Carta Suprema (art. 153, I) para tributar a importação de produtos estrangeiros. Acaso assim procedesse, estaria afrontando a vontade da Constituição, que, como predica a Teoria Geral do Direito, é estabelecida pelo *poder constituinte*.[140]

e; finalmente, (VI) facultatividade de seu exercício:

As pessoas políticas, conquanto não possam delegar suas competências tributárias, por força da própria rigidez de nosso sistema constitucional, são livres para delas se utilizarem ou não.[141]

---

138. *Op. Cit.*, p. 691.
139. *Op. Cit.*, pp. 694-695.
140. *Op. Cit.*, pp. 696-697.
141. *Op. Cit.*, p. 697.

**PAULO DE BARROS CARVALHO**, colocando sob rigoroso exame as características apontadas por **ROQUE ANTONIO CARRAZZA**, diz que apenas indelegabilidade, irrenunciabilidade e incaducabilidade – todas elas derivadas do princípio da supremacia e rigidez da Constituição da República – sustentam-se. As demais, não: a privatividade porque a Constituição dispõe no art. 154, II, que poderá a União instituir:

> na iminência ou no caso de guerra externa, impostos extraordinários, <u>compreendidos ou não em sua competência tributária</u>, os quais serão suprimidos, gradativamente, cessadas as causas de sua criação.

Ainda que seja um caso excepcional, é quanto basta para infirmar a proposição categórica como traço inafastável do gênero competência tributária. Esse atributo da competência tem ainda menos eco quando se trata da análise dos atos normativos infralegais, como acentua **TÁCIO LACERDA GAMA**:

> No plano infralegislativo, a privatividade não é, seguramente, atributo das normas de competência tributária. Aqui, a característica adequada é a concorrência. Tomemos como exemplo a competência para efetuar o auto-lançamento, consubstanciado na entrega da declaração de Imposto sobre a Renda das Pessoas Físicas. Em geral, compete ao próprio sujeito passivo da obrigação tributária promover a incidência da regra-matriz. É a ele que compete traduzir o evento ocorrido em fato jurídico tributário, que denote o acontecimento previsto abstratamente na norma jurídica tributária. Transcorrido o prazo de entrega da declaração de IRPF, sem que o sujeito passivo tenha editado a norma individual e concreta que lhe competia, sua competência privativa se torna concorrente, porque ele poderá apresentar uma declaração extemporânea sanando sua omissão e, simultaneamente, o agente público competente poderá, ao se defrontar com provas que atestem terem ocorrido eventos tributários

não declarados, lavrar lançamento de ofício para exigir o que deixou de ser declarado.[142]

Da mesma forma, a alterabilidade é *"ínsita no quadro das prerrogativas de reforma constitucional e a experiência brasileira tem sido rica em exemplos dessa natureza"*.[143] Finalmente, a facultatividade, a despeito de ser ela a regra geral, tem sua generalidade negada pela exceção do ICMS que:

> Por sua índole eminentemente nacional, não é dado a qualquer Estado-membro ou ao Distrito Federal operar por omissão, deixando de legislar sobre esse gravame. Caso houvesse uma só unidade da federação que empreendesse tal procedimento e o sistema do ICMS perderia consistência, abrindo-se ao acaso das manipulações episódicas, tentadas com tanta freqüência naquele clima que conhecemos por "guerra fiscal".[144]

Além disso, o exercício da competência tributária subordina-se aos princípios que devem orientar tal atividade estatal, a saber: (a) capacidade contributiva (art. 145, §1º, da Constituição); (b) estrita legalidade tributária (art. 150, I); (c) anterioridade (art. 150, III, "b" e "c"); (d) irretroatividade (art. 150, III, "a"); (e) tipologia tributária (art. 154, I); (f) proibição de tributo com efeito confiscatório (art. 150, IV); (g) uniformidade geográfica (art. 151, I); (h) não discriminação em razão da procedência ou do destino dos bens (art. 151, I) e; (i) territorialidade da tributação.

## 2.2. Incidência tributária

Designei por incidência à atividade ponente de normas que parte das disposições gerais e abstratas para, com os relatos

---

142. GAMA, Tácio Lacerda. *Competência Tributária. Fundamentos para uma teoria da nulidade*. São Paulo: Noeses, 2011, p. 278.
143. CARVALHO, Paulo de Barros. *Curso de Direito Tributário*. São Paulo: Saraiva, 2011, p. 233.
144. *Op. Cit.*, p. 234.

dos acontecimentos sociais, articular uma norma individual e concreta. Trata-se de procedimento interpretativo das normas – para construir o sentido daquela que servirá de matriz para o exercício de aplicação – e também da realidade social subjacente – na medida em que necessita do esforço humano para, olhando o mundo, vertê-lo na linguagem apropriada dos fatos jurídicos.

Incidir e fazer aplicar a norma são expressões que, nos limites deste texto, tomo por idênticas. E, com isso, vem a importante lição de PAULO DE BARROS CARVALHO, *"não se dará a incidência se não houver um ser humano fazendo a subsunção e promovendo a implicação que o preceito normativo determina"*.[145]

Pois bem, a primeira dessas etapas do agir humano é chamada *subsunção* e corresponde à operação lógica de inclusão de classes: a classe formada pelo fato adéqua-se à classe formada pelas disposições da norma geral e abstrata. Para tanto, é preciso que o intérprete atribua sentido às manifestações da realidade que a ele chegam como eventos para, conceituando-lhes, construir os fatos.

Não parece demais lembrar que os fatos, tal como toda e qualquer classe, não é algo de existência *"real"*, mas um conceito que se faz a partir do *"real"*. Assim também acontece com as normas, que, na sua tendência de categorizar as condutas intersubjetivas para a ela imputar-lhes efeitos jurídicos, serve-se também de esquemas abstratos que permitam colocar determinados comportamentos em grupos, conjuntos, classes.

O "real", sendo uno, irrepetível e infindável em seus aspectos, não pode ser apreendido pelo direito. É-o apenas em sua parte repetível, isto é, naquele conjunto de elementos que, desprezado um *quantum* de diferença, mostra uma porção de

---

145. CARVALHO, Paulo de Barros. *Direito Tributário. Fundamentos Jurídicos da Incidência Tributária*. São Paulo: Saraiva, 2011, p. 33.

traços comuns. LOURIVAL VILANOVA assim explica como o ser humano consegue atribuir a "semelhança" de uma conduta a outra:

> O "ser semelhante a" é propriedade relacional que não encontra tradução formal adequada. A semelhança é uma comunidade conotativa parcial: dois termos x e y são semelhantes se têm conotação comum M e conotação diferencial N. De carecessem da conotação comum M, seriam termos diferentes. Se coincidissem em conotação, seriam termos equivalentes ou equissignificativos. Agora, formalmente não podemos transitar da fração conotativa comum, eliminando a fração não-comum, para fazer a subsunção ou includência silogística. Não há passagem formal do enunciado predicativo "A é B" para o enunciado relacional "x é semelhante a B", que fica como enunciado na conclusão. O que nos autoriza, pois, a retermos a conotação M comum e a desprezarmos a conotação diferencial provém de critério extralógico.[146]

Esses critérios não estão na composição lógica da norma, mas, estando para além da lógica, compõem seu campo de irradiação semântica e pragmática.

Daí porque o esforço lógico de subsunção, que realiza o intérprete com o processo de incidência de uma norma, não pode ser desempenhado isoladamente das demais etapas de atribuição do sentido das normas jurídicas e dos fatos jurídicos: a categorização das condutas, para que as possamos inserir n'uma classe, tem por imprescindível a operação de corte epistemológico que despreze certas diferenças para reter a atenção do sujeito a apenas a conotação comum à multiplicidade de eventos. Quando assim o faz, trabalha o intérprete não mais com a ocorrência, mas um conceito dela.

---

146. VILANOVA, Lourival. *As Estruturas Lógicas e o Sistema do Direito Positivo*. São Paulo: Noeses, 2005, pp. 231-232.

A atividade impositiva tributária está adstrita aos cânones da legalidade, sendo atividade plenamente vinculada (conforme disposto no art. 3º do CTN). Desse modo, toda liberdade interpretativa que tem o intérprete para quadrar os acontecimentos da realidade social em conceitos juridicamente relevantes – os fatos jurídicos – há de encontrar seus fundamentos em meio aos enunciados legalmente estabelecidos.

No contexto de uma atividade comunicacional, é indispensável que, ao produzir a norma, os conceitos atribuídos guardem adequação para com os padrões de significação aceitos pela comunidade do discurso em dadas circunstâncias históricas. Do contrário, nada comunica, produz-se apenas ruído: um sem-sentido. Esse controle é exercido, no direito, pela comunidade de intérpretes credenciados a inserir normas no sistema, os "intérpretes autênticos" de que trata KELSEN.[147]

## 3. Precisando as definições: critério espacial e domínio espacial de vigência

Curioso observar que a dualidade de marcos espaciais para compor a relação de continência com a qual se pensa e fala do espaço já fora também percebida no direito tributário, embora não se tenha enveredado esforços maiores em sua sistematização. Veja-se o exemplo de AMÉRICO MASSET LACOMBE ao falar sobre as *coordenadas genérica* e *específica* no Imposto sobre a Importação:

> Não seria admissível, com efeito, que tendo a Constituição fixado parâmetro para o núcleo da hipótese de incidência, importar produtos estrangeiros, e tendo determinado a coordenada genérica de espaço, a coordenada de tempo pudesse ser por exemplo, o momento da industrialização da matéria-prima. [...] Tudo isto colocado, temos, em conclusão, como

---

147. KELSEN, Hans. *Teoria Pura do Direito*. São Paulo: Martins Fontes, 2009, p. 387.

> núcleo do antecedente normativo do imposto de importação importar mercadoria estrangeira. A coordenada genérica de espaço é o Território Nacional, sendo a específica as repartições aduaneiras. A coordenada de tempo será a entrada no território nacional através das repartições aduaneiras.[148]

Com efeito, os mecanismos empregados na tessitura do fato jurídico tributário *importação* mostram bem as dificuldades em trabalhar-se apenas com uma *coordenada genérica*, como insistia – e ainda insiste – boa parte da doutrina no direito tributário. A falta de precisão quanto ao local da incidência muitas vezes causa reflexos importantes na definição também de sua marca (critério, aspecto) temporal, como registra o jurista ora citado, ocasionando confusão no que diz respeito à alíquota aplicável e outros problemas decorrentes da unidade conceptual da norma jurídica tributária.

Para dar aqui mais um exemplo, voltemos nossa atenção para as disposições da Lei 4.502/64, mais precisamente para seu art. 2º, que trata das situações nas quais se pode promover a incidência do Imposto sobre Produtos Industrializados:

> Art. 2º Constitui fato gerador do impôsto:
>
> I – quanto aos produtos de procedência estrangeira o respectivo desembaraço aduaneiro;
>
> II – quanto aos de produção nacional, a saída do respectivo estabelecimento produtor.

Num e noutro inciso, não basta apontar o *território nacional* como única referência: é indispensável indicar o lugar que, contido no território nacional, pode caracterizar o fato jurídico tributário. Como faz o legislador ao precisar o estabelecimento de saída e a repartição aduaneira.

---

148. LACOMBE, Américo Masset. *Imposto de Importação*. São Paulo: RT, 1979, p. 29.

Alguém poderia tentar refutar os exemplos acima expostos com o argumento de que tal dualidade teria razão de ser apenas no trato de bens móveis, dado o modo como eles podem variar sua posição no espaço. Ainda assim, estaria infundado: em primeiro lugar, esquece-se que as normas jurídicas – também as tributárias – não incidem sobre os bens; em segundo lugar, a experiência mostra que é necessário imprimir o mesmo rigor na lida de direitos sobre bens imóveis.[149]

A mesma dualidade enxergada pelos penalistas permanece no Direito Tributário: mais que identificar um espaço, um campo, um domínio, é indispensável que se forneçam as coordenadas para atribuir ao fato um lugar dentro desse conjunto maior. Aquilo que intuía AMÉRICO MASSET LACOMBE, confirma-se a cada exame da legislação.

Após essas considerações sobre a maneira que o homem e o direito relacionam-se com o espaço, é chegada a hora de trazer essas noções ao exame da regra-matriz de incidência tributária para imprimir maior precisão à maneira como se define o seu critério espacial.

---

149. Para comprová-lo, veja-se o exemplo da Lei Paulista que institui o Imposto sobre Transmissão *Causa Mortis* e Doações (Lei n. 10.705/00) que no §1º de seu art. 3º disciplina a referência espacial da transferência de propriedade de bem imóvel no caso de inventário realizado *fora do Estado*. Foi preciso indicar, ante a complexidade espacial da conduta (se o local do inventário e, portanto, da transmissão ou aquele outro da situação do imóvel) para que se pudesse bem identificar o lugar de incidência do tributo. Veja-se a redação: "*Artigo 3º – Também sujeita-se ao imposto a transmissão de:* […] § *1º – A transmissão de propriedade ou domínio útil de bem imóvel e de direito a ele relativo, <u>situado no Estado</u>, sujeita-se ao imposto, <u>ainda que o respectivo inventário ou arrolamento seja processado em outro Estado, no Distrito Federal ou no exterior</u>; e, no caso de doação, <u>ainda que doador, donatário ou ambos não tenham domicílio ou residência neste Estado</u>.*". Disposições similares podem ser encontradas nas legislações estaduais por todo o país, em função do que prescreve o art. 155, §1º, I da Constituição da República: "*Art. 155. Compete aos Estados e ao Distrito Federal instituir impostos sobre:* […] § *1.º O imposto previsto no inciso I* [ITCMD…] *I – relativamente a bens imóveis e respectivos direitos, compete ao Estado da situação do bem, ou ao Distrito Federal*".

## 3.1. Critério espacial

Chamo critério espacial da regra-matriz de incidência tributária ao feixe de enunciados, implícitos ou explícitos, aptos a auxiliar o intérprete na identificação dos marcos espaciais que devem ser empregados para atribuir um lugar ao fato jurídico tributário.

A cada vez que surge, na regra-matriz de incidência tributária, a expressão "critério", faz-se para imprimir mais força à natureza seletora de propriedades de que é dotado cada elemento da norma padrão de incidência tributária: trata-se sempre de um recorte em que alguns dados da realidade social são selecionados e relatados na tessitura da realidade jurídica, sendo todo o restante, sobre o qual o texto do direito não tenha versado, irrelevante para a atribuição de efeitos jurídicos, por mais importância que tenha segundo outros critérios, como os utilizados pela economia, pela sociologia, pela contabilidade ou qualquer outra forma de conhecimento.

Tais mecanismos de pensamento prestam-se à indispensável atividade redutora de complexidades que torna a ocorrência apreensível e, consequentemente, passível de ser registrada em um relato, como devem ser os fatos jurídicos. Assim, será possível realizar a operação de inclusão de classes para categorizar o fato em meio aos conceitos fundados pelas normas gerais e abstratas. É, dessa maneira, por meio da seleção das propriedades descritas no critério espacial de um tributo, que poderá a autoridade competente, desprezando todos os indicativos que não sejam aqueles prescritos na lei, suplantar a complexidade espacial de uma conduta para atribuir-lhe sentido e, desse modo, assignar um lugar para a ocorrência, determinar o lugar *no* fato, o lugar do tributo.

No Capítulo Primeiro, firmou-se que toda classe corresponde a uma propriedade e que todo critério de pertinência a essa classe depende da adequação dos traços do objeto à definição dada. Daí decorre que o critério espacial consiste, ele também, n'uma definição. Assim, para que se possa chegar a bom termo no trabalho de construção do sentido dessa fração da norma tributária, é preciso guardar em mente as regras que o estudo da lógica sugere para elaborar uma definição útil, quais sejam: (1) indicar os atributos essenciais da coisa; (2) não deve ser circular; (3) não ser excessivamente ampla, nem excessivamente estreita; (4) evitar a ambiguidade, obscuridade e uso de linguagem figurada e; (5) não deverá ser negativa quando pode ser afirmativa.

Pois bem, se é da natureza do *lugar* ser uma relação de posicionamento que somente pode ser aferida entre – ao menos – dois elementos, precisa o critério espacial indicar os termos desse liame. A referência ao território, como costuma ser feita por significativa parte da doutrina para discriminar o critério espacial de um dado tributo, é, portanto, incompleta. Falta-lhe, ao menos, outro termo para que a predicação poliádica se aperfeiçoe. Apenas com a sugestão de um território, como o do município, falta algo: como a indicação do termo "estabelecimento prestador" para que, conjugando-os, possa-se imputar como lugar do tributo aquele no qual situa-se o estabelecimento prestador do serviço tributado. Só assim estaremos diante da relação de conteúdo e recipiente que a tradição filosófica ocidental sagrou como nossa maneira de pensar o espaço, poderemos versar sobre a relação de lugar para afirmar ou infirmar que o estabelecimento (conteúdo) está no território do município (continente). O critério espacial, sendo em termos lógicos uma relação, precisa da indicação de ao menos dois termos, não podendo ter menos do que isso.

### 3.1.1. *É possível a pluralidade de critérios espaciais numa só norma? Esclarecimentos sobre a aplicação da teoria penal da ubiquidade no direito tributário*

Há, no entanto, a possibilidade empiricamente verificada[150]

---

150. Veja-se, como exemplo, a escolha do critério espacial da regra-matriz de

de que as disposições formadoras do critério espacial refiram-se a dois ou mais lugares, produzindo a situação observada no direito penal pela teoria da ubiquidade, em que tanto o local da ação, como o do resultado ou o da execução, podem dar ensejo à aplicação da lei criminal.

Nesses casos e dado o requisito de *significação unitária* que se deve atribuir às condutas, o ordenamento:

(1) aceitará a pluralidade de fatos jurídicos e, com isso, dará ensejo a duas – ou mais – incidências, montando a situação conhecida como *pluritributação*; como ocorre nesse dispositivo da Lei Complementar n. 87/96:

> Art. 11. O local da operação ou da prestação, para os efeitos da cobrança do imposto e definição do estabelecimento responsável, é:
>
> [...]
>
> III – tratando-se de prestação onerosa de serviço de comunicação:
>
> [...]
>
> § 6º Na hipótese do inciso III do caput deste artigo, tratando-se de serviços não medidos, que envolvam localidades situadas em diferentes unidades da Federação e cujo preço seja cobrado por períodos definidos, <u>o imposto devido será recolhido em partes iguais para as unidades da Federação onde estiverem localizados o prestador e o tomador.</u>

---

incidência tributária no Imposto sobre a Renda das Pessoas Físicas. No Regulamento do Imposto sobre a Renda (Decreto n. 3.000/1999) adota-se o critério da residência ou domicílio da pessoa no Brasil (art. 2º, cuja base legislativa é composta pela Lei n. 4.506, de 30 de novembro de 1964, art. 1º, pela Lei n. 5.172, de 25 de outubro de 1966, art. 43, e a Lei n. 8.383, de 30 de dezembro de 1991, art. 4º) e, alternativamente, também o critério da fonte pagadora no país (art. 3º, com fundamento legal no Decreto-Lei n. 5.844, de 1943, art. 97, e na Lei n. 7.713, de 22 de dezembro de 1988, art. 3º, § 4º).

E também quando da previsão constitucional de uma segunda incidência do ICMS sobre o chamado diferencial de "alíquota":

> § 2º O imposto previsto no inciso II atenderá ao seguinte:
> [...]
> VII – em relação às <u>operações e prestações que destinem bens e serviços a consumidor final localizado em outro Estado</u>, adotar-se-á:
> a) <u>a alíquota interestadual</u>, quando o destinatário for contribuinte do imposto;
> [...]
> VIII – na hipótese da alínea "a" do inciso anterior, <u>caberá ao Estado da localização do destinatário o imposto correspondente à diferença entre a alíquota interna e a interestadual</u>;

Ou (2) instituirá, por meio de novas disposições, um mecanismo que possibilite a *escolha*, pelo intérprete competente, de um ou outro local para a ele atribuir a conduta, como sucede com a elaboração de tratados internacionais para evitar a dupla tributação da renda[151] ou em disposições

---

151. Veja-se a redação do Artigo 6º do Tratado para Evitar a Dupla Tributação, firmado entre Brasil e Luxemburgo: *"Artigo 6- Rendimentos de bens imobiliários:*

*1. Os rendimentos provenientes de bens imobiliários, inclusive os rendimentos de explorações agrícolas e florestais, são tributáveis no Estado Contratante em que esses bens estiverem situados.*

*2. a) a expressão "bens imobiliários" é definida de acordo com o direito do Estado Contratante em que esses bens estiverem situados;*

*b) essa expressão compreende, em qualquer caso, os acessórios, o gado e o equipamento utilizado nas explorações agrícolas e florestais, os direitos a que se aplicam as disposições do direito privado relativas à propriedade territorial, o usufruto de bens imobiliários e os direitos aos pagamentos variáveis ou fixos pela exploração ou concessão da exploração de jazidas minerais, fontes e outros recursos naturais; os navios, barcos e aeronaves não são considerados bens imobiliários.*

de leis complementares no âmbito do ISS[152] ou do ICMS.[153]

Em nenhum caso, no entanto, admite-se que uma conduta tenha "dois locais", pois a aplicação do direito pressupõe a unidade, seja ela construída pela aplicação de normas distintas, seja ela produzida pela aplicação de mecanismos procedimentais como a proibição do *bis in idem*.

Uma nota importante sobressai dessa observação: quando o caminho indicado pelo ordenamento jurídico apontar a licitude de duas incidências, ainda assim não se desfaz a unidade da conduta. Reconhece, isso sim, a existência de *duas (ou mais) normas-padrão de incidência distintas* (ao menos no que diz respeito ao seu critério espacial, mas muitas vezes com implicações nos demais critérios[154]), recortando assim dois (ou mais) fatos jurídicos diversos a partir daquilo que, aos olhos do leigo, parece ser um único substrato fáctico.

Disso sucede que a incidência de uma dessas normas não *depende nem condiciona* a incidência da outra. Para dizê-lo de outra forma: são dois (ou mais até) tributos, carecendo, por isso

---

3. *O disposto no parágrafo 1 aplica-se aos rendimentos provenientes da exploração direta, da locação ou arrendamento, assim como de qualquer outra forma de exploração de bens imobiliários.*

4. *O disposto nos parágrafos 1 e 3 aplica-se igualmente aos rendimentos provenientes de bens imobiliários de uma empresa, assim como aos rendimentos de bens imobiliários que sirvam para o exercício de uma profissão liberal."*

152. Sendo essa a solução apontada no art. 3º da Lei Complementar n. 116/2001, que considera o serviço prestado no lugar do estabelecimento prestador (regra do *caput*) ou do local em que se verifica o resultado (regra dos incisos I a XXII), mas nunca de ambos.

153. É a regra geral do art. 11 da Lei Complementar n. 87/96 que determina, por exemplo, que o lugar do tributo, para fins da incidência do "ICMS – Importação" é aquele do estabelecimento em que ocorrer a entrada física da mercadoria (cf. alínea "d").

154. Como sucede com a divisão equânime da base de cálculo no exemplo do art. 11, III, §6º da Lei Complementar n. 87/96 e, também, na alíquota (interestadual ou diferença entre a interna e interestadual) que a distribuição de competências do art. 155, nos incisos VII e VIII do §2º, prescreve.

mesmo, de tantos atos de aplicação quantas forem as normas que os instituam.

Vale retomar o exemplo constitucional acima citado (cobrança do "diferencial de alíquota" do ICMS) para ilustrar as repercussões desse raciocínio no plano fáctico-jurídico.

Trabalhar com a noção de que se tratam de duas normas jurídicas distintas permite explicar, a contento, porque a circunstância de, por uma falha qualquer, não ter o estado de origem recolhido o ICMS que lhe competia na saída da mercadoria em operação interestadual, não impedir o estado de destino de cobrar a sua parcela (porque a incidência da norma do ICMS no destino não *depende* da prévia aplicação da norma que prescreve o ICMS pela alíquota interestadual na origem).

Há, porém, outra consequência interessante: essa mesma condição *não habilita* ao estado de destino cobrar do contribuinte a parcela que seria devida no estado de saída. Isso porque a competência para cobrar o ICMS na origem, pela alíquota interestadual, foi dada pela Constituição apenas ao estado onde esteja o estabelecimento que deu a saída à mercadoria,[155] pois é ela indelegável, como firmado no item 2.1. deste Capítulo.

### 3.2. Domínio espacial de vigência

Diz respeito ao conjunto de referências espaciais que circunscrevem os limites para a aplicabilidade da norma tributária. Define aquilo que antes chamamos de *cosmos* ou campo:

---

155. A confusão entre tais normas gera situações em que o ICMS é cobrado, no estado de destino, pela "alíquota cheia" sempre que se documenta uma falha na incidência do tributo devido ao estado de origem. Uma tal interpretação do direito positivo, parece-me, atenta contra a divisão de competências preceituada na Constituição (ao possibilitar ao estado de destino tributar uma operação em proporção diferente da estabelecida no art. 155, §2º, VIII) devendo, por isso mesmo, ser rechaçada.

um domínio dentro do qual devem situar-se as subclasses a que se denominou *lugar*.

Assim como todo ordenamento tem sua existência delimitada no tempo e no espaço, o mesmo se pode dizer do efeito atribuído às suas normas. No tempo, diz-se que tal como são instituídas podem ser revogadas. Tanto o ato ponente como o derrogador, delimitam que os efeitos daquelas disposições não mais se aplicam a um intervalo de tempo, mas, também, de espaço.

Vale salientar, em respeito ao corte firmado no Capítulo Primeiro, que o domínio espacial de vigência é fixado nos termos das disposições normativas. Sendo assim, existem na medida em que os enunciados componentes da norma, explícita ou implicitamente, sobre eles disponham.

Pelo prisma jurídico, é um equívoco achar que há um limite "natural" (como uma fração de terra, de água ou de ar) ou "politicamente estabelecido" pela relação de "soberania" do Estado para com seus súditos, como já dizia HANS KELSEN.[156] Dessa forma, que o domínio espacial de vigência corresponda aos limites fronteiriços de um Estado, conquanto seja a forma mais usual de fazê-lo, não é algo de ocorrência necessária. Se isso sucede, foi porque as disposições jurídicas assim

---

156. "O território do Estado é um espaço rigorosamente delimitado. Não é um pedaço, exatamente limitado, da superfície do globo, mas um espaço tridimensional ao qual pertencem o subsolo, por baixo, e o espaço aéreo por cima da região compreendida dentro das chamadas fronteiras do Estado. É patente que a unidade deste espaço não é uma unidade natural, geograficamente definida. A um e mesmo espaço estadual podem pertencer territórios que estejam separados pelo mar, o qual não constitui domínio de um só Estado ou pelo território de um outro Estado. Nenhum conhecimento naturalístico, mas só um conhecimento jurídico, pode dar resposta à questão de saber segundo que critério se determinam os limites ou fronteiras do espaço estadual, o que é que constitui a sua unidade. O chamado território do Estado apenas pode ser definido como o domínio espacial de vigência de uma ordem jurídica estadual". (KELSEN, Hans. *Teoria Pura do Direito*. São Paulo: Martins Fontes, 2008, p. 319).

o estabeleceram, mas tal condição não é imperativo lógico, pois assim como o texto jurídico versa sobre os limites do território, pode ele, no afã de melhor dirigir as condutas que pretende regrar, demarcar intervalos que não coincidem com a totalidade da extensão territorial.

Para que se possa bem empreender o esforço de construir aqueles marcos espaciais que servirão de domínio espacial de vigência, deve-se voltar a atenção aos enunciados integrantes do *veículo introdutor* de normas que, prescrevendo sobre sua entrada em vigor, outorgam às disposições materiais também uma dimensão espacial de vigência, fixando o intervalo no interior do qual se devem reconhecer os critérios espaciais.

Ali onde houver o silêncio, supõe-se a vigência na extensão territorial do ente que a tenha produzido. Com efeito, não é outro o comando do art. 1º da Lei de Introdução do Direito Brasileiro: *"Salvo disposição contrária, a lei começa a vigorar <u>em todo o país</u> quarenta e cinco dias depois de oficialmente publicada"*.

A vigência, como se observa bem do dispositivo citado, não é circunscrita somente ao tempo, mas também, ao espaço, abrangendo a totalidade do território da pessoa legiferante,[157] *salvo disposição em contrário*. É justamente a exceção que faz merecer algumas linhas adicionais à categoria de que tratamos agora.

De fato, se voltarmos à definição do domínio espacial de vigência como o *intervalo* dentro do qual devem ser apuradas

---

157. O reparo científico aqui, em contraste com a redação do dispositivo legal citado que traça *"em todo o país"*, é necessário e justifica-se em função dos princípios constitucionais da soberania nacional (art. 4º, II), federativo e da autonomia municipal (art. 18). Reservarei maior espaço ao tema da territorialidade como limite à fixação do domínio espacial de vigência e, portanto, também do critério espacial, no item 5.2. deste mesmo capítulo.

as referências designativas do *ponto* que é o critério espacial, perceberemos, em decorrência, que as disposições legislativas que fixam certas extensões genéricas como *perímetro urbano*, *zona rural*, ou mesmo *zonas francas*,[158] não atuam sobre o critério espacial da regra-matriz de incidência tributária, mas sim, sobre o domínio espacial de vigência.

Cabe aqui amparar com o exemplo o uso das categorias domínio espacial de vigência e critério espacial com os ajustes que propus. Fazendo-o, poder-se-ia dizer que o critério espacial do IPTU consistiria no *logradouro do imóvel*, pois é isso que precisa ser provado pela autoridade administrativa para que se proceda ao lançamento hígido, ao passo que o *perímetro urbano* dá contornos ao seu domínio espacial de vigência, porque é ele que delimita o intervalo dentro do qual deve estar esse logradouro.

Desse modo, no que diz respeito à questão espacial, incidirá o tributo somente – e tão somente – quando o logradouro apurado esteja *dentro* do intervalo fixado no perímetro urbano, porque apenas sobre tais logradouros que a lei terá vigência (definida, atrás, como a *aptidão para produzir efeitos*). Em todos os demais casos em que o *ponto* provado não se insira no *intervalo*, não haverá incidência.

## 4. Lugar *do tributo*, lugar *do fato* e lugar *no fato*

PAULO DE BARROS CARVALHO introduz importante noção no estudo da incidência das normas jurídicas tributárias ao separar o momento (1) em que ocorre a circunstância da norma jurídica individual e concreta e (2) aquele outro, no qual

---

158. Assim se devem interpretar as disposições do Decreto-Lei n. 288/1967: como delimitadoras de um espaço, dentro do qual, não se podem apontar critérios espaciais do Imposto sobre Importação (art. 3º) e Exportação (art. 4º).

ele é relatado pela autoridade competente. Essa dualidade de marcos temporais, permite segregar, no tempo, o ato de enunciação de seu conteúdo, compreendendo que o fato jurídico, enquanto relato, tem sempre um conteúdo pretérito, narra algo que já ocorreu. Chama a primeira condição de tempo *do* fato e a segunda de tempo *no* fato.[159]

A distinção tem importante consequência na definição do direito material aplicável (aquele vigente ao tempo *no* fato) e das disposições procedimentais vigentes (aquelas em vigor no tempo *do* fato) para regular a produção do ato normativo.

O mesmo instrumento pode ser utilizado também no que diz respeito às designações espaciais, sendo possível identificar o lugar *no* fato (aquele do conteúdo da enunciação) e o lugar *do* fato (aquele em que se produz a enunciação). Explica-o:

> O lugar do fato é a localidade em que se expediu o enunciado jurídico-prescritivo, e o lugar no fato é aquele intervalo territorial em que se deu o evento relatado enunciativamente. De ver está que, em muitas oportunidades, a produção do fato acontecerá no mesmo local apontado como tendo ocorrido o evento.[160]

Deve-se notar que tanto o tempo como o lugar *do* fato dizem respeito a disposições que regulamentam as condições de produção do veículo introdutor da norma individual e concreta tributária, nada dispondo sobre aquilo que deve ser recortado no mundo fenomênico para a formação da facticidade jurídica. Assim, apenas o tempo e o lugar *no* fato têm assento em meio aos critérios da regra-matriz de incidência tributária.

O exame das normas que regulamentam a maneira como devem ser produzidos os veículos introdutores das normas

---

159. CARVALHO, Paulo de Barros. *Direito Tributário. Fundamentos Jurídicos da Incidência*. São Paulo: Saraiva, 2011, p. 194.
160. *Op. Cit.*, p. 196.

individuais e concretas tributárias escapa à demarcação do objeto estabelecida no Capítulo Primeiro e é por essa razão que, neste trabalho, com a expressão *lugar do tributo*, trata-se apenas daquilo que o ilustre professor denomina *lugar no fato*.

## 5. Cinco constrangimentos à liberdade de escolha do *lugar do tributo*

Tanto o critério espacial – que deverá definir o lugar da conduta – como o domínio espacial de vigência – que circunscreve o campo com o qual se relaciona espacialmente o lugar apontado no critério espacial – são estabelecidos por meio da produção de enunciados prescritivos. Nenhum deles têm existência despegada do texto jurídico que, direta ou indiretamente, demarca-o. Mesmo quando se diz estarem os elementos do domínio espacial da vigência e do critério espacial *implícitos*, faz-se com referência a enunciados que indiretamente apontam sua existência, mas jamais sem enunciados.[161]

É também certo que o conteúdo de toda e qualquer norma jurídica é traçado conforme uma decisão de um órgão

---

161. A esse respeito, oportuna a citação de PAULO DE BARROS CARVALHO, criticando a expressão "princípio implícito" adotada por J. J. GOMES CANOTILHO: *"Gomes Canotilho percorre o mesmo caminho epistemológico, firmado, entre outros, na posição daquele jurista italiano. Todavia, acaba por acolher doutrina que não me parece rigorosa, ao conceber a possibilidade de norma sem base em enunciados prescritivos. Ao citar como exemplo o princípio do procedimento justo (due process), arremata: "Este princípio não está enunciado linguisticamente; não tem disposição, mas resulta de várias disposições constitucionais (...)". Ora, se resulta de várias disposições constitucionais, assenta-se não em um enunciado apenas, mas em vários, o que infirma o pensamento do autor português. Sucede que as construções de sentido têm de partir da instância dos enunciados linguísticos, independentemente do número de formulações expressas que venham a servir-lhe de fundamento. Haverá, então, uma forma direta e imediata de produzir normas jurídicas; outra, indireta e mediata, mas sempre tomando como ponto de referência a plataforma textual do direito posto."* (CARVALHO, Paulo de Barros. *Direito Tributário, Linguagem e Método*. São Paulo: Noeses, 2011, p. 130. Grifei).

competente, que, antecedendo o processo nomogenético, destrincha a complexidade da conduta socialmente apreciável para, recortando-lhe, eleger os traços formadores do fato jurídico tributário. O mesmo ocorre com a definição do lugar, que consiste na atribuição de unidade espacial àquele conjunto de movimentos, como também sucede com a determinação do campo no qual a disposição do corte deve ser exercida.

No quadrante do direito tributário, a inserção dos enunciados que instituem a regra-matriz de incidência tributária deve ser exercida por meio de lei, segundo o princípio da estrita legalidade (art. 150, I, CR). Tais leis, encarregam-se da definição da unidade da conduta juridicamente relevante, os parâmetros que devem orientar o trabalho do aplicador.

Tratando-se de definições em que segue aberta margem à liberdade de estipulação, descabe formular juízo de verdade sobre os termos com os quais o legislador definirá tanto a figura do critério espacial, como aquela do domínio espacial de vigência das normas jurídicas tributárias. O discurso que pretenda lidar com esses problemas em termos de teste de verdade ou falsidade, como terminam sendo todos aqueles fundados no argumento "soberania", é falaz, pois submete o deôntico ao juízo do ôntico.

No direito, entretanto, tal liberdade não é irrestrita. Dadas as relações de derivação normativa, que servem de axioma à composição de um ordenamento jurídico qualquer, é preciso que uma norma encontre fundamento de validade noutra, que lhe seja superior em hierarquia. Tais definições que a primeira vista parecem ser puramente estipulativas, melhor se quadrariam à classe das "aclaradoras", segundo a classificação proposta por IRVING COPI.[162] Com efeito, a cada vez que necessita

---

162. Chama-se "aclaradora" ao tipo de definição que institui novo uso para a palavra, mas que busca fundamento também nos usos estabelecidos do termo. Já na definição puramente estipulativa, está o sujeito irrestrito em sua liberdade

uma norma fundamentar-se noutra, acrescenta algo mais de conotação sobre o conceito de sua regra fundante – esse quanto de estipulação – sem, no entanto, poder transgredir a extensão do conceito anterior.

Identificar a parcela de significação que se impõe sobre a liberdade estipulativa do legislador é saber dos constrangimentos que limitam a sua atividade criativa. Trata-se de conhecimento cuja utilidade faz-se sentir não apenas no desempenho da atividade legiferante, mas, sobretudo, na construção de sentido da norma geral e abstrata que há de orientar o aplicador no processo de incidência e o conteúdo do lançamento tributário.

No domínio da competência tributária, considerando as peculiaridades ínsitas ao regime brasileiro e a posição ocupada pelas normas que instituem as exações, é possível identificar, ao menos, cinco ordens de constrangimentos que se impõem à escolha do critério espacial e demarcação do domínio espacial de vigência de um tributo qualquer. São eles: (i) o rígido esquema de distribuição das competências traçado na Constituição da República; (ii) o princípio da territorialidade; (iii) os conceitos de direito privado, enquanto delimitadores dos fatos tributáveis; (iv) as normas gerais de direito tributário postas por intermédio de leis complementares; e, por fim, (v) os tratados internacionais, considerando a relevância dada às suas prescrições em conformidade com o instituído no art. 97 do Código Tributário Nacional.

### 5.1. Primeiro: Distribuição de competências na Constituição da República

Ao afirmar que, excetuada a hipótese prescrita no art. 154, II, as competências tributárias traçadas na Constituição da

---

de atribuir sentido ao termo, não precisando do recurso a outros usos já estabelecidos. A esse respeito, confira-se os itens 2.1.1 e 2.1.4. do Capítulo Primeiro.

República são marcadas pela existência de certas faixas de exclusividade, pela qual um sujeito não pode valer-se das materialidades atribuídas a outro, ROQUE ANTONIO CARRAZZA evidencia a primeira ordem de constrangimentos à escolha do lugar do tributo. É preciso que o lugar eleito pelo legislador, na escolha dos critérios delineadores do fato jurídico tributário, guarde relação com a matéria a ele designada pela Constituição. Ilustra-o com um exemplo:

> Se a Constituição da República outorgou à União, por exemplo, a competência exclusiva para tributar a propriedade territorial rural, não podem fazê-lo nem os Estados, nem os Municípios, nem o Distrito Federal. Do mesmo modo, se a Constituição conferiu aos Estados (e, em seu território, ao Distrito Federal) a competência, também exclusiva, para tributar as operações mercantis, não podem fazê-lo nem a União, nem os Municípios. Ainda se, sempre a Constituição, concedeu aos Municípios (e, em seu território, ao Distrito Federal) a competência exclusiva para tributar as prestações de serviços, não podem fazê-lo nem a União, nem os Estados.[163]

Assim, para que se possa definir, por exemplo, o critério espacial do ISS, deve-se escolher entre as possibilidades lógicas que a materialidade constitucional oferece. Na linha de AIRES FERNANDINO BARRETO, isso significa dizer que a liberdade estipulativa do legislador está circunscrita aos elementos caracterizadores de um:

> [...] esforço de pessoas desenvolvido em favor de outrem, com conteúdo econômico, sob regime de direito privado, em caráter negocial, tendente a produzir uma utilidade material ou imaterial.[164]

---

163. CARRAZZA, Roque Antonio. *Curso de Direito Constitucional Tributário*. São Paulo: Malheiros, 2010, p. 844.
164. BARRETO, Aires F. *Imposto sobre serviço de qualquer natureza*. In: Revista de Direito Tributário. V. 29/30, p. 188.

Desse modo, a escolha somente poder-se-ia fazer entre os locais (i) onde está o estabelecimento *prestador desse esforço*, (ii) o lugar em que se percebe a *utilidade material ou imaterial*, (iii) o local onde esteja o *tomador*. Para tributar a materialidade "serviço" seriam *irrelevantes* – e, portanto, inelegíveis para determinar os contornos da norma-padrão de incidência – outras situações socialmente relacionadas, como o local a partir do qual são movimentados os recursos necessários para o pagamento do preço, ou mesmo aquele em que esteja a agência bancária que receba esses valores. Ainda que esses locais interessem para a instituição de outras espécies tributárias ou possam até compor o acervo probatório no caso de simulação, nenhuma relação direta guardam com a materialidade outorgada aos municípios.

Em outras palavras, é preciso que o local escolhido pelo legislador esteja juridicamente relacionado ao núcleo da materialidade conferida e delimitada constitucionalmente, o descompasso entre essa marca temporal e o conceito constitucional compromete a constitucionalidade da norma de incidência.

### 5.1.1. Os constrangimentos à escolha do critério espacial no ICMS das operações interestaduais com consumidor final

Um exemplo interessante de como a Constituição da República condiciona o exercício das competências tributárias no que diz respeito à tributação de condutas dispersas espacialmente pode ser encontrada na leitura dos incisos VII e VIII do §2º, art. 155, da Carta. Eis a redação:

> VII – em relação às operações e prestações que destinem bens e serviços a consumidor final localizado em outro Estado, adotar-se-á:
>
> a) a alíquota interestadual, quando o destinatário for contribuinte do imposto;

b) a alíquota interna, quando o destinatário não for contribuinte dele;

VIII – na hipótese da alínea "a" do inciso anterior, caberá ao Estado da localização do destinatário o imposto correspondente à diferença entre a alíquota interna e a interestadual;

Vê-se desde logo a demarcação de um conceito, *operações que destinem bens e serviços a consumidor final localizado em outro Estado*, para subdividi-lo em duas modalidades, (a) *com destinatário contribuinte do imposto* e (b) *destinatário não--contribuinte*.

Tal procedimento classificatório tem o propósito de traçar regramentos diversos numa e noutra situação: (i) na primeira, fixa-se que a alíquota da norma de incidência do imposto *na saída do estabelecimento* – e, portanto, devida no Estado de origem – deverá ser aquela *interestadual*, fixada por meio de Resolução do Senado; (ii) na segunda, deve-se aplicar a alíquota *interna*, fixada nos moldes da legislação infraconstitucional que trate da incidência do imposto.

A peculiaridade que nos interessa, no entanto, advém da leitura combinada dos incisos VII e VIII: ante a complexidade espacial e a necessidade de unidade de significado da conduta a Carta toma duas decisões diferentes para cada uma das situações acima descritas.

No primeiro caso, além da (i) regra de incidência no Estado de *origem, cujo critério espacial é o estabelecimento de origem e a alíquota deverá ser a interestadual*, determina a instituição, pelo Estado de destino, de (ii) *uma segunda regra--matriz de incidência*, cujo critério espacial deverá consistir no estabelecimento de destino e a alíquota correspondente será formada pela diferença entre a alíquota interna praticada para aquela operação e aquela outra, a interestadual, definida na Resolução do Senado. Formam-se duas normas jurídicas tributárias,[165] construídas a partir de dois mandatos competenciais distintos, dando ensejo a dois fatos jurídicos tributários, cada qual com seu único lugar, a despeito da complexidade espacial da conduta (um tem-no o estabelecimento de origem, o outro fixa-se ao estabelecimento de destino).

No segundo caso, veda-se o exercício da competência impositiva do Estado de destino,[166] permitindo-se a instituição do tributo apenas àquele no qual esteja situado o estabelecimento de origem da mercadoria ou serviço. Mais uma vez, a norma constitucional circunscrevendo o critério espacial possível da regra-matriz de incidência tributária, constrange a escolha do lugar da conduta jurídica, atribuindo-lhe a unidade apesar da multiplicidade de marcos espaciais socialmente perceptíveis.

### 5.2. Segundo: Territorialidade

A segunda ordem de constrangimentos que se impõe à escolha do legislador tem assento na implicitude do texto

---

165. Admitir a dualidade normativa nesses casos traz importantes implicações no que diz respeito às medidas que unilateralmente glosam créditos ante a falta de recolhimento do tributo no Estado de origem, como têm feito o Estado de São Paulo por intermédio da Portaria CAT 36/04. Com efeito, que o Estado de destino cobre o tributo não recolhido na origem – pelo motivo que seja – ofende a repartição de competências feita pela Constituição, que só teria autorizado a cobrança da diferença entre a alíquota interna e a interestadual (fixada por resolução do Senado).

166. Recentemente esse tema ganhou a atenção da comunidade jurídica depois da publicação do Protocolo ICMS nº 21 de 1º de abril de 2011, aprovado no CONFAZ. O referido diploma legislativo autorizava os Estados de destino a cobrarem o Imposto, pela alíquota interna, nos casos em que o consumidor adquire mercadoria pela internet de outras unidades da Federação. Tal iniciativa deu início a um grande debate por meio dos veículos especializados que recebeu até mesmo a alcunha de "Guerra Fiscal 2.0" e motivou o ajuizamento da Ação Direta de Inconstitucionalidade nº 4.628/DF. No momento em que entrego este livro para edição, a referida ação não teve ainda seu julgamento de mérito, mas foi proferida liminar pelo Ministro Luiz Fux suspendendo a aplicação do Protocolo.

constitucional: trata-se da relação do critério espacial e do domínio de vigência para com as normas que fixam a extensão do território do sujeito de direito público. Para bem estudá-la, faz-se necessário tecer alguns esclarecimentos sobre o princípio da territorialidade e, também, sobre os "efeitos extraterritoriais" das leis tributárias.

### 5.2.1. *Princípio da territorialidade*

As definições de território, como tratou-se no Capítulo Segundo, tendem a confundir sua extensão jurídica com a de seus efeitos políticos. Falham essas definições ao confundir uma circunstância verificável somente pelos critérios da ciência política (o poder) com outra, que deve ser identificada pela consulta aos textos normativos (o território visto como norma).

Em consequência dessa confusão, o princípio da territorialidade tem aparecido como decorrência de uma limitação "real" e incontornável da extensão da soberania, o que empresta ares de obviedade ao conceito de territorialidade. No entanto, já criticava ALFREDO AUGUSTO BECKER:

> A evolução do Direito Tributário em todos os países; a criação dos mercados comuns e das zonas de livre comércio; a tributação de bens existentes no estrangeiro pelo imposto de transmissão *causa mortis*; os problemas, no plano internacional, da dupla imposição pelo imposto de renda, despertaram a atenção dos modernos doutrinadores para a falsa "obviedade" do fundamento da territorialidade da lei tributária.[167]

O referido princípio desempenha, em nosso sistema constitucional tributário, relevantíssimo papel, cuja repercussão

---

167. BECKER, Alfredo Augusto. *Teoria Geral do Direito Tributário*. São Paulo: Noeses, 2010, p. 321.

afeta outros setores de nosso ordenamento, como explica
PAULO DE BARROS CARVALHO:

> Sem territorialidade que permita a desconcentração das fontes produtoras de normas não há autonomia municipal (art. 18, da CF); não há federação (art. 1º, da CF), não resta unidade, nem soberania para a República Federativa do Brasil. [...]
>
> O princípio (ou valor) da territorialidade, sendo fundamental, está pressuposto, não se manifestando de maneira expressa, a não ser topicamente, na fraseologia constitucional brasileira. Constitui, porém, o perfil do Estado Federal, como decorrência imediata das diretrizes básicas conformadoras do sistema. O poder vinculante de uma lei ensejará efeitos jurídicos dentro dos limites geográficos da pessoa que o editou. A lei federal e a nacional, por todo o território brasileiro; as estaduais, internamente a suas fronteiras regionais; e as municipais, no interior dos limites de seus espaços geográficos; assim acontecendo com o Distrito Federal.[168]

Não é o caso, portanto, de ignorá-lo em função de sua "falsa obviedade", mas de dissolver o que se esconde por detrás do óbvio por meio da explicitação do alcance dos conceitos envolvidos em sua enunciação.

De partida, note-se que apontar a falsa obviedade do princípio da territorialidade não é o mesmo que falar de sua imediata inaplicabilidade para o direito brasileiro. Fosse assim, também à citada afirmativa de BECKER poder-se-ia imputar a pecha da "falsa obviedade". Com o alerta, pretende-se apenas reforçar aquilo que HANS KELSEN já havia afirmado: a atividade produtora de normas é limitada também por normas, pois direito deriva de direito, daí a função da "norma hipotética fundamental" a consolidar, como pressuposto epistemológico, tal uniformidade objetal.

---

168. CARVALHO, Paulo de Barros. *O Princípio da Territorialidade no Direito Tributário*. In: *Revista de Direito Tributário* nº 76.

Desse modo o princípio da territorialidade não deriva da soberania, ou de qualquer causa "natural", mas de imposição do próprio ordenamento e derivação de suas próprias disposições. Porque o relato jurídico não escapa da percepção do espaço como relação de conteúdo e recipiente, também o direito precisa demarcar sua espacialidade, fazendo-o por meio das disposições que tratam do território. Tal limite, repita-se, é instituído por normas e, por isso mesmo, não é óbvio, conquanto seja de existência logicamente necessária.

A natureza deôntica desses enunciados não se pode negar, a despeito de muitas vezes virem eles expressos com a expressão "ser". Como diz GREGORIO ROBLES, tais normas constituem o conjunto das regras ônticas, que criam os *"pressupostos ou condições prévias para o regramento direto das ações"*, as disposições sobre o espaço. Explica o espanhol, ao comentar a disposição que funda o princípio da territorialidade no direito penal espanhol:

> Pues bien, las normas que establecen el espacio de un determinado ordenamiento jurídico y, consiguientemente, del sistema jurídico que lo refleja, son del tipo de las normas indirectas o normas ónticas. La señalización espacial no va dirigida a la acción. <u>Ésta habrá de tener lugar «dentro» del espacio acotado.</u>[...]
>
> Esta norma establece el ámbito espacial de las leyes penales, lo que quiere decir que las acciones contempladas por éstas serán sancionables, siempre que se hayan realizado en territorio español. El artículo mencionado lo que hace, en realidad, es sacar la consecuencia inmediata del principio de la territorialidad. Este principio se expresa así: «el espacio de aplicación de las leyes penales es el espacio estatal». De ahí se extrae la consecuencia de que las leyes penales obligan a todos los que se encuentren en territorio estatal.[169]

---

169. Em vernáculo: *"Pois bem, as normas que estabelecem o espaço de um determinado ordenamento jurídico, e por conseguinte, do sistema que o reflete,*

Perceba-se, na explicação do professor espanhol, que as regras ônticas não se destinam à composição do critério espacial, mas ao "*âmbito espacial*" dentro do qual se realizam as ações, ou seja, àquilo que chamei domínio espacial de vigência. São, por isso mesmo, "normas *indiretas da ação*" como diz.

O critério espacial, fiz questão de apontar nos itens precedentes, é coisa diversa, diz respeito, *diretamente à ação*, pois compõem o substrato de prescrições que a constituem. Consiste, precisamente, no conjunto de indicações elaborado pelo legislador que permite ao intérprete identificar *o que* precisa estar no domínio espacial de vigência para que se possa imputar uma conduta a esse lugar que deverá estar contido no domínio espacial de vigência. Que o lugar da conduta – o critério espacial – esteja inserto dentro do território ou outra área qualquer demarcada pela legislação – considerada domínio espacial de vigência – é imposição lógica da relação espacial.

### 5.2.2. *Das eficácias positiva e negativa do princípio da territorialidade*

Pois bem, para além da lógica, passando ao exame semântico e pragmático deste primado, o princípio da territorialidade pode ser enunciado de forma positiva – porque permite ao sujeito competente o exercício de sua potestade normativa sob as bases geográficas que a legislação administrativa demarca – ou

---

*são do tipo das normas indiretas ou normas "ônticas". A indicação espacial não se dirige à ação. <u>Esta terá de ter lugar dentro do espaço demarcado</u>. [...] Esta norma estabelece o âmbito espacial das leis penais, o que quer dizer que as ações contempladas por estas serão sancionáveis, sempre que se tenham realizado em território espanhol. O artigo mencionado, na verdade, apenas saca consequência imediata do princípio da territorialidade. Este princípio se expressa assim: «o espaço de aplicação das leis penais é o espaço estatal». Daí se extrai a consequência de que as leis penais obrigam a todos que se encontrem em seu território estatal."* (ROBLES, Gregorio. *Teoría del Derecho. Fundamentos de Teoría Comunicacional del Derecho*. V.1. Cizur Menor: Civitas, 2006, pp. 224-225. Sublinhei).

negativa – na medida em que restringe o exercício da conduta nomogenética de outros entes nessa mesma fração espacialmente considerada.

Imediatamente, dada a forma de Estado Federado que assume a República do Brasil, deve-se explicar que o sentido negativo da territorialidade afirma-se somente no conflito de estados entre si, dos municípios uns com os outros, ou destes com o Distrito Federal. Descabe, em nosso ordenamento tratar de conflitos territoriais entre estado e município, da União para com um município ou entre esse e um estado. Isso porque as bases territoriais sobre as quais se assenta a União abrangem a dos estados e, estes, por sua vez, compartilham a extensão geográfica de seu território com um bom número de municípios. Como explica ANTONIO ROBERTO SAMPAIO DÓRIA:

> No regime federativo, entretanto, onde coexistem paralelamente sobre um mesmo território duas ou mais ordens de poderes autônomos, cada qual competente, portanto, para gravar integralmente fatos, atos ou negócios ocorridos dentro de sua esfera territorial comum, a discriminação de rendas atribuídas privativamente à União, Estados e Municípios é imperiosa exigência para o equilíbrio do sistema e desenvolvimento de sua economia.[170]

Dada essa condição, os conflitos que entre eles possam surgir não terão por fundamento o território, mas, sim, as materialidades constitucionalmente outorgadas para cada um, havendo de ser dirimida segundo outros critérios.[171]

---

170. SAMPAIO DÓRIA, Antonio Roberto. *Princípios constitucionais tributárias e a cláusula due process of law*. São Paulo, Tese (Livre-Docência), Universidade de São Paulo, 1964, p. 115.
171. Tal observação, contudo, diz respeito apenas às hipóteses em que o domínio espacial de vigência coincida com a extensão do território, como costuma ser o caso da maior parte dos tributos. Há, no entanto, que se ter em conta que, em nosso sistema, isso não é imperativo. Pode muito bem que as prescrições a respeito da demarcação do âmbito espacial de eficácia

O território e, mais precisamente, o respeito aos territórios deve ocorrer na demarcação do domínio de vigência das normas: não pode um ente prescrever que a legislação tributária por ele editada recorte elementos estranhos aos limites de seu território. Pode, no entanto eleger como campo para a incidência, fração inferior, deixando fora da abrangência da lei certas frações de seu território.[172] Com isso, limita-se também a escolha que o legislador pode fazer para determinar o lugar do tributo: ainda que o conjunto de movimentos espalhe-se por vários municípios, estados ou países, deve-se atribuir-lhe, enquanto critério espacial, apenas um lugar que, se estiver quadrado dentro de domínio espacial de vigência servirá de fundamento à incidência do tributo.

Não é demais reiterar que a relação juridicamente relevante estabelecida entre um fato e o território de um estado não deve ser colhida no mundo do "ser", nos limites físicos perceptíveis ao ser humano, mas sim no plano do "dever-ser", por meio dos recortes produzidos em conformidade com as regras próprias daquele domínio de linguagem, no caso, das regras de direito positivo. As situações da vida são regradas por um ordenamento jurídico não porque ocorrem sobre uma porção de espaço físico "A" ou "B", mas porque algum de seus elementos foi eleito, por meio de normas, para compor as prescrições de um determinado ordenamento jurídico.

Quero com isso afirmar que a ligação de uma conduta para com um território é, também, uma questão de direito: uma ocorrência pode ser juridicamente tratada por uma ordem estatal apenas quando os critérios relevantes para esse sistema

---

delimitem intervalo *menor do que o território*, como aliás, sucede no exemplo anteriormente dado do Imposto sobre a Propriedade Territorial Urbana (IPTU) e do Imposto sobre a Propriedade Territorial Rural (ITR). No primeiro caso, serve de domínio espacial de vigência a definição do território urbano, no segundo, a definição de zona rural, feita pela negativa da primeira.

172. A esse respeito, conferir o tratado no Capítulo Segundo, item 8.4.

encontrem correspondência com o domínio de vigência espacial demarcado pelos diplomas constitutivos do ordenamento.

### 5.2.3. Extraterritorialidade e os chamados "elementos de conexão"

A aplicação extraterritorial das normas tributárias vem acompanhada de expressões como o chamado princípio da *universalidade* na tributação da renda. Fazem muitos autores, a oposição entre os princípios da territorialidade e aqueloutro da universalidade da tributação, diferença esta que, segundo HELENO TÔRRES:

> [...] é mais um dos falsos problemas criados pela dogmática do Direito Tributário. A territorialidade é inafastável e a universalidade não é mais que um princípio que estipula uma conexão que toma por base o vínculo subjetivo existente entre o princípio da territorialidade e o sujeito que realiza o fato jurídico tributário no exterior, liame de ordem pessoal, portanto. Ao critério de conexão material (presença de fonte efetiva) soma-se o critério de conexão pessoal (residência ou nacionalidade), o que não representa qualquer superação ao princípio da territorialidade.[173]

De fato, assim como observado na pesquisa da legislação penal, mesmo nos casos da extraterritorialidade, fundamenta-se a aplicação da legislação brasileira com o atendimento de uma série de requisitos referentes à situação do agente ou do bem jurídico afetado, que permitem ao aplicador da lei penal imputar, como lugar do crime, um dado local sito no território nacional e, assim, dentro dos limites demarcados pelo domínio espacial de vigência da lei penal.

---

173. TÔRRES, Heleno Taveira. *Pluritributação Internacional sobre as Rendas das Empresas*. São Paulo: RT, 2001, pp. 61-62.

Não é que os atos praticados fora do território sejam completamente irrelevantes: interessam eles como componentes daquele conjunto de movimentos a que a legislação brasileira – ao atribuir significado unitário, desprezando sua complexidade espacial – considera ocorrido no território nacional, segundo o critério do agente ou do resultado. Como a definição do lugar do crime, tal qual a do lugar do tributo, é marcada pela liberdade de estipulação, ainda que com alguns constrangimentos, descabe o juízo sobre a sua veracidade e, até mesmo, dizer que se trata de ficção: para a legislação brasileira, o conjunto de movimentos só tem sentido se o agente ou o bem jurídico afetado estiver no Brasil, caso isso não se verifique, a legislação brasileira não atribui àqueles movimentos o significado jurídico de crime, pois lhe falta elemento essencial ao tipo.

Situação semelhante acontece no direito tributário, em que, para ter efeitos "extraterritoriais", a legislação tributária precisa apontar um *elemento de conexão*, como anota LUÍS EDUARDO SCHOUERI:

> É importante destacar que ao mesmo tempo em que se opõe a chamada territorialidade pura, o princípio da universalidade não importa a exclusão do princípio da territorialidade em si. Aliás, todos os países que adotam a universalidade exigem um elemento de conexão pessoal com o Estado tributante, caracterizando-se, neste sentido, a observância do princípio da territorialidade, enquanto existência de um elemento de conexão com o Estado (residência ou nacionalidade). Nesse caso pode ser aplicado o critério da fonte (territorialidade material na definição da renda sujeita ao imposto) implicando uma limitação do alcance da lei tributária (*berschränkte Steuerpflicht*).[174]

---

174. SCHOUERI, Luís Eduardo. *Princípios no Direito Tributário Internacional: Territorialidade, Universalidade e Fonte*. In FERRAZ, Roberto (org). *Princípios e Limites da Tributação*, São Paulo: Quartier Latin, 2005, p. 355.

ALBERTO XAVIER assim define aquilo que se diz com a expressão *elemento de conexão*:

> O elemento de conexão é o elemento da previsão normativa que, determinando a "localização" de uma situação da vida num certo ordenamento tributário, tem como efeito típico determinar o âmbito de aplicação das leis desse ordenamento a essa mesma situação.
>
> Os elementos de conexão consistem nas relações ou ligações existentes entre as pessoas, os objetos e os fatos com os ordenamentos tributários, distinguindo-se em subjetivos, se se reportam às pessoas (como a nacionalidade ou a residência), ou objetivos, se se reportam às coisas e aos fatos (como a fonte de produção ou pagamento da renda, o lugar do exercício da atividade, o lugar da situação dos bens, o lugar do estabelecimento permanente, o lugar de celebração de um contrato).[175]

Pois bem, admitida a pertinência do elemento de conexão como fundamento indispensável para que se possa atribuir um lugar dentro do domínio espacial de vigência das leis tributárias, resta indagar como ele se relaciona com a norma construída conforme o instrumental da regra-matriz de incidência tributária.

Considerando o dogma da homogeneidade sintática das normas, pelo qual toda norma jurídica em sentido estrito é formada pela cópula deôntica de um termo descritor e um prescritor (H→C), as possibilidades são duas: ou bem é o elemento de conexão uma norma separada, mas que se relaciona com a norma padrão de incidência, ou integra ele o critério espacial da regra-matriz de incidência tributária.

Percebe-se que tais disposições costumam aparecer relacionando sempre um tributo já existente num ordenamento

---

175. XAVIER, Alberto. *Direito Tributário Internacional do Brasil*. Rio de Janeiro: Forense, 2004, p. 262.

com um conjunto de movimentos que se desenvolve, parcialmente, em outro território, mas que, seja por uma condição dos atos comissivos, da situação agente ou do lugar do resultado, adentra o domínio espacial de vigência da pessoa legiferante.

Nessas condições, aquilo que se observa é a escolha dessa fração que tem lugar no território do sujeito competente para, a ela, atribuir o significado unitário à conduta, firmar-lhe seu lugar. Não se trata de ampliar o domínio espacial de vigência, ou mesmo de estipular lugar *fora* deste, mas sim, de eleger um local dentro do âmbito eficacial da norma para a ele apenas, desprezando a complexidade geográfica do conjunto de movimentos, atribuir a ocorrência do fato jurídico tributário. É o procedimento idêntico ao que faz o legislador do ICMS quanto estipula o lugar do estabelecimento de saída da mercadoria como o lugar da incidência desse imposto, ainda que tal operação, necessariamente, envolva outros locais geograficamente distintos. Para que se possa atribuir um lugar e promover a incidência, com o relato adequado, é preciso sempre reduzir a complexidade espacial à unidade. É o que faz o elemento de conexão, como também o critério espacial de toda e qualquer norma jurídica tributária em sentido estrito.

Desse modo, e considerando o dogma da homogeneidade sintática das normas, parece-me acertado afirmar que devem as disposições sobre os elementos de conexão conformarem o critério espacial das regras-matrizes de incidência tributária.

### 5.3. Terceiro: Conceitos de Direito Privado

Esse constrangimento tem ligação direta para com o primeiro dos aqui enunciados: deve o lugar escolhido guardar estreita relação com a materialidade outorgada. Mas aqui, diz-se um pouco mais: em sendo essa materialidade um conceito de utilização já estabelecida no discurso jurídico, não pode a facticidade tributária ser recortada para além dos contornos dados em outros domínios do direito. Mais uma vez mostra-se a liberdade de estipulação tolhida em função de certas balizas, estabelecidas nos dispositivos dos diplomas privados, em especial o Código Civil (Lei 10.406/02), a Lei das Sociedades Anônimas (Lei 6.404/76) e, especialmente no exame de um caso concreto, os elementos dos contratos e demais documentos que instrumentem a operação.

Com efeito, muitas das discussões havidas sobre o lugar de incidência de um tributo, quando bem versadas, percorrerão os conceitos de direito privado envolvidos na sequência negocial que levou à incidência, escrutinando-os à cata dos elementos negociais que permitam identificar os locais juridicamente relevantes para a elaboração do negócio. De fato, a atenção ao direito privado que se prescreve ao intérprete no conhecimento do alcance dos conceitos empregados nas normas tributárias tem lugar em dois dispositivos do Código Tributário Nacional, os arts. 109 e 110, e na implicitude do texto constitucional, que emprega essas noções no esquadrinhamento das competências tributárias. A esse respeito, vale a citação de excerto do voto do Ministro Marco Aurélio, por ocasião do julgamento do RE 150.764-1:

> [...] se a lei pudesse chamar de compra e venda o que não é compra e venda, de importação o que não é importação, de exportação o que não é exportação, de renda o que não é renda, ruiria todo o sistema tributário inscrito na Constituição.[176]

Muitas são as vezes em que o argumento fundado no conceito de direito privado recebe as vestes de discussão sobre a "natureza jurídica" do instituto. Para além do ceticismo

---

176. STF. RE 150.764-1. Relator originário Min. Sepúlveda Pertence. Relator do Acórdão Min. Marco Aurélio. DJ 16.12.92.

quanto à pertinência da expressão,[177] penso que tal preocupação é adequada. De fato, conquanto não tenha o fato jurídico tributário "propriedade de bem imóvel urbano" os mesmos contornos do fato jurídico civil "propriedade imobiliária", não é dado ao legislador escolher traços que ampliem a extensão do conceito, fazendo caber na primeira classe elementos que não pertencem à segunda, do contrário, ferir-se-ia a repartição constitucional de competências, como bem tratou o Min. Marco Aurélio na passagem *supra* citada. Encontra-se, com a consulta aos conceitos de direito privado, importantes balizas para dirigir o trabalho do legislador e aferir seu bom cumprimento.

### 5.3.1. Breve nota sobre os artigos 109 e 110 do Código Tributário Nacional

Tal limitação encontra previsão expressa em nosso ordenamento nos artigos 109 e 110 do Código Tributário Nacional, nos quais se estatui:

> Art. 109. Os princípios gerais de direito privado utilizam-se para pesquisa da definição, do conteúdo e do alcance de

---

[177]. Compartilhado, dentre outros, com PAULO DE BARROS CARVALHO: "Tenho empregado "natureza jurídica" entre aspas para expressar minha discordância relativa à literalidade da locução. Em termos convencionais, fala-se em "natureza" para designar a busca da essência, da substância ou da compleição natural das coisas. A "natureza" revelar-se-ia pelos atributos essenciais que teriam a virtude de pôr em evidência a própria coisa. Nessa acepção, a "natureza" da coisa poria em destaque sua essência mesma ou substância, dando a conhecer a matéria de que se compõe o objeto: está à mostra a força essencialista que envolve a tradição jurídica, na incansável e malograda busca pela "realidade". Há uma expressiva tendência na cultura ocidental em relatar o mundo circundante como se tivéssemos acesso às ontologias, às essências, esquecendo-nos de que o único instrumento do qual dispomos para organizar os "objetos da experiência" ou o "mundo da vida", como prefere Habermas, seguindo Husserl, é a linguagem e, por mais que ela se aproxime dos objetos, nunca chega a tocá-los." (CARVALHO, Paulo de Barros. *Derivação e Positivação no Direito Tributário*. L. II. São Paulo: Noeses, 2013, pp. 200-201).

seus institutos, conceitos e formas, mas não para definição dos respectivos efeitos tributários.

Art. 110. A lei tributária não pode alterar a definição, o conteúdo e o alcance de institutos, conceitos e formas de direito privado, utilizados, expressa ou implicitamente, pela Constituição Federal, pelas Constituições dos Estados, ou pelas Leis Orgânicas do Distrito Federal ou dos Municípios, para definir ou limitar competências tributárias.

Ao comentar o respectivo dispositivo e considerando a relação que esse constrangimento tem para com o primeiro já enunciado no item 5.1, chega a sugerir que tal dispositivo *nem precisaria existir*:

> Na verdade esse dispositivo nem precisaria existir. Embora se tenha de reconhecer o importantíssimo serviço que o mesmo tem prestado ao Direito brasileiro, não se pode negar que, a rigor, ele é desnecessário. Desnecessário – é importante que se esclareça – no sentido de que com ou sem ele teria o legislador de respeitar os conceitos utilizados pela Constituição para definir ou limitar competências tributárias. Mas é necessário porque, infelizmente, a idéia de uma efetiva supremacia constitucional ainda não foi captada pelos que lidam com o Direito em nosso País.[178]

Penso que a redação é bem vinda, tal como destacar este item como um constrangimento separado, se não para dizer mais que o primeiro item, ao menos para evitar que tal constrangimento não se perca em meio a tantos "fundamentos óbvios" que a implicitude dos textos jurídicos deixa aos intérpretes menos atentos.

A circunstância de que se adote um determinado ponto no espaço como o lugar da conduta tipificada para efeitos fiscais

---

178. MACHADO, Hugo de Brito. *O ISS e a Locação ou Cessão de Direito de Uso*. In: *Revista de Direito de Informática e Telecomunicações – RDIT*, n. 1, São Paulo: Fórum, jun. 2004, p. 151.

está previamente condicionada a uma relação desse ponto com aqueles fixados no negócio jurídico que serve de base para o recorte do fato jurídico tributário.

Dessa maneira, o exercício da competência para a definição do local da incidência do ICMS sobre o transporte interestadual, por exemplo, somente pode dar-se entre: (1) o local onde tenha se iniciado a prestação do transporte e; (2) aquele no qual a mercadoria tem o seu destino, pouco importando a circunstância de ter o veículo transitado por um ou vários outros estados da Federação. Isso porque, segundo as definições do direito privado, que já opera ele também um recorte sobre a realidade socialmente verificável, são apenas estes dois pontos que interessam à caracterização do negócio jurídico de transporte: origem e destino, conforme estabelecido no Código Civil (*Art. 730. Pelo contrato de transporte alguém se obriga, mediante retribuição, a transportar, de um lugar para outro, pessoas ou coisas*). A esses locais, poder-se-ia agregar ainda, em conformidade com o contrato, os estabelecimentos comerciais do prestador e do tomador.

A escolha, no entanto, deve prezar a unidade, preterindo a complexidade. O legislador tributário, por intermédio do art. 11, II, "a", da Lei Complementar n. 87/96, enuncia sua preferência pelo local do estabelecimento de origem, excepcionando, nas alíneas "b" e "c" algumas situações para as quais se estipula o destino ou o estabelecimento do transportador, quando a documentação por ele oferecida não permitir a identificação idônea dos locais de partida e destino.[179]

---

179. Art. 11. O local da operação ou da prestação, para os efeitos da cobrança do imposto e definição do estabelecimento responsável, é:

II – tratando-se de prestação de serviço de transporte:

a) onde tenha início a prestação;

b) onde se encontre o transportador, quando em situação irregular pela falta de documentação fiscal ou quando acompanhada de documentação inidônea, como dispuser a legislação tributária;

Opera-se, dessa maneira, a necessária redução da pluralidade à unidade espacial.

Também serve-se desse itinerário o argumento das decisões judiciais, como exemplifica-o a decisão do Superior Tribunal de Justiça sobre a competência impositiva do ISS nas operações de *leasing*.[180] Nela, convém observar como se descreve, a miúde, o contrato de direito privado, fazendo recurso à Lei 6.099/74, que disciplina tal negócio jurídico, para, a partir dela, fundamentar a interpretação das disposições do Decreto--Lei 406/68 e da Lei Complementar 116/2003:

> [...]
>
> 2. No contrato de arrendamento mercantil financeiro (Lei 6.099/74 e Resolução 2.309/96 do BACEN), uma empresa especialmente dedicada a essa atividade adquire um bem, segundo especificações do usuário/consumidor, que passa a ter a sua utilização imediata, com o pagamento de contraprestações previamente acertadas, e opção de, ao final, adquiri-lo por um valor residual também contratualmente estipulado. Essa modalidade de negócio dinamiza a fruição de bens e não implica em imobilização contábil do capital por parte do arrendatário: os bens assim adquiridos entram na contabilidade como custo operacional (art. 11 e 13 da Lei 6.099/74). Trata-se de contrato complexo, de modo que o enfrentamento da matéria obriga a identificação do local onde se perfectibiliza o financiamento, núcleo da prestação do serviços nas operações de leasing financeiro, à luz do entendimento que restou sedimentado no Supremo Tribunal Federal.
>
> [...]
>
> 7. O contrato de leasing financeiro é um contrato complexo no qual predomina o aspecto financeiro, tal qual assentado

---

c) o do estabelecimento destinatário do serviço, na hipótese do inciso XIII do art. 12 e para os efeitos do § 3º do art. 13;

180. STJ. REsp 1.060.210 –SC. Rel. Min. Napoleão Nunes Maia Filho. DJ 05.03.2013.

pelo STF quando do julgamento do RE 592.905/SC, Assim, há se concluir que, tanto na vigência do DL 406/68 quanto na vigência da LC 116/2003, o núcleo da operação de arrendamento mercantil, o serviço em si, que completa a relação jurídica, é a decisão sobre a concessão, a efetiva aprovação do financiamento.

8. As grandes empresas de crédito do País estão sediadas ordinariamente em grandes centros financeiros de notável dinamismo, onde centralizam os poderes decisórios e estipulam as cláusulas contratuais e operacionais para todas suas agências e dependências. Fazem a análise do crédito e elaboram o contrato, além de providenciarem a aprovação do financiamento e a consequente liberação do valor financeiro para a aquisição do objeto arrendado, núcleo da operação. Pode-se afirmar que é no local onde se toma essa decisão que se realiza, se completa, que se perfectibiliza o negócio. Após a vigência da LC 116/2003, assim, é neste local que ocorre a efetiva prestação do serviço para fins de delimitação do sujeito ativo apto a exigir ISS sobre operações de arrendamento mercantil.

9. O tomador do serviço ao dirigir-se à concessionária de veículos não vai comprar o carro, mas apenas indicar à arrendadora o bem a ser adquirido e posteriormente a ele disponibilizado. Assim, a entrega de documentos, a formalização da proposta e mesmo a entrega do bem são procedimentos acessórios, preliminares, auxiliares ou consectários do serviço cujo núcleo – fato gerador do tributo – é a decisão sobre a concessão, aprovação e liberação do financiamento.

[...]

12. Recurso Especial parcialmente provido para definir que:

(a) incide ISSQN sobre operações de arrendamento mercantil financeiro; (b) o sujeito ativo da relação tributária, na vigência do DL 406/68, é o Município da sede do estabelecimento prestador (art. 12); (c) a partir da LC 116/2003, é aquele onde o serviço é efetivamente prestado, onde a relação é perfectibilizada, assim entendido o local onde se comprove haver unidade econômica ou profissional da instituição financeira com poderes decisórios suficientes à concessão e aprovação do financiamento – núcleo da operação de leasing financeiro e fato gerador do tributo; (d) prejudicada a análise da alegada violação ao art. 148 do CTN; (e) no caso concreto, julgar procedentes os Embargos do Devedor, com a inversão dos ônus sucumbenciais, ante o reconhecimento da ilegitimidade ativa do Município de Tubarão/SC para a cobrança do ISS. Acórdão submetido ao procedimento do art. 543-C do CPC e da Resolução 8/STJ.

Com o perdão pela longa citação e colocadas entre parênteses as críticas sobre o conteúdo do Acordão, a decisão acima referida é bom exemplo da importância que se deve atribuir aos contornos dos institutos de direito privado para, apurando sua "natureza jurídica" e identificando seus "núcleos", atribuir-lhe *um lugar* a despeito da complexidade geográfica que essas operações possam encerrar.

### 5.4. Quarto: Normas gerais de direito tributário

Os dois exemplos formulados na explanação do constrangimento anterior carregam a referência ao quarto limite imposto no ordenamento jurídico brasileiro à liberdade estipulativa do legislador tributário. Neles pudemos perceber que as *normas nacionais*, como as chama SOUTO MAIOR BORGES,[181] restringem a escolha do lugar de incidência do tributo pelo legislador ordinário por meio, no ICMS, da Lei Complementar 87/96 e, no caso do ISS, com as disposições do Decreto-Lei 406/68 e Lei Complementar 116/2003.

---

181. A propósito do art. 18, §1º, da Constituição anterior e que na hoje vigente persiste na disposição do art. 146, explica o pernambucano: "As leis complementares sobre as normas gerais de direito tributário, previstas no artigo 18, parágrafo 1º, são leis nacionais e não leis simplesmente federais. Não são leis, como vimos, supra, transcrevendo os ensinamentos de Geraldo Ataliba, que regem as relações recíprocas entre o fisco federal e o sujeito passivo de tributos federais. Tampouco dizem respeito, essas normas gerais de direito tributário, à administração da União." (BORGES, José Souto Maior. *Lei Complementar Tributária*. São Paulo: RT, 1975, p. 96).

Num e noutro caso, a Lei Complementar restringe as opções entregadas ao legislador competente para instituir esses impostos, por meio de previsões a que a doutrina e a legislação convencionaram chamar *normas gerais de direito tributário*. O propósito que as anima é fazer com que "*a criação e aplicação do direito tributário seja feita de forma isônoma em todas as esferas*", como explica FREDERICO SEABRA DE MOURA.[182]

De fato, em nosso sistema constitucional tributário atribui-se importante papel à lei complementar que sirva de instrumento a tais disposições. Conforme prescrito no art. 146, cabe a ela:

> I – dispor sobre conflitos de competência, em matéria tributária, entre a União, os Estados, o Distrito Federal e os Municípios;
>
> II – regular as limitações constitucionais ao poder de tributar;
>
> III – estabelecer normas gerais em matéria de legislação tributária, especialmente sobre:
>
> a) definição de tributos e de suas espécies, bem como, em relação aos impostos discriminados nesta Constituição, a dos respectivos fatos geradores, bases de cálculo e contribuintes;
>
> b) obrigação, lançamento, crédito, prescrição e decadência tributários;
>
> c) adequado tratamento tributário ao ato cooperativo praticado pelas sociedades cooperativas.
>
> d) definição de tratamento diferenciado e favorecido para as microempresas e para as empresas de pequeno porte, inclusive regimes especiais ou simplificados no caso do imposto previsto no art. 155, II, das contribuições previstas no art. 195, I e §§ 12 e 13, e da contribuição a que se refere o art. 239.

---

182. MOURA, Frederico Araújo Seabra de. *Lei Complementar Tributária*. São Paulo: Quartier Latin, 2009, p. 182.

É possível identificar, em meio à redação, ao menos duas passagens em que as disposições da lei complementar poderiam auxiliar o intérprete no estabelecimento do lugar do tributo: ao dispor sobre *conflitos de competência* (inciso I) e *sobre a definição dos fatos geradores* (inciso III, "a").

### 5.4.1. Sobre a função reservada à Lei Complementar na definição do lugar do tributo

Em um sistema como o brasileiro, no qual a produção das normas tributárias encontra-se dispersa em meio a um grande número de focos ejetores de prescrições jurídicas, é preciso que uma legislação de *caráter nacional* estabeleça algumas definições tendentes a suplantar os problemas de interpretação que a simples enunciação das materialidades no texto constitucional pode causar.

Nesse cenário, divide-se a doutrina em duas correntes sobre a função da Lei Complementar: uma tricotômica, outra dicotômica.[183]

Para os primeiros, as normas gerais de direito tributário de que trata o inciso III formariam um gênero apartado das disposições sobre os conflitos de competência (inciso I) e a regulação das limitações constitucionais ao poder de tributar (inciso II), como explica HAMILTON DIAS DE SOUZA:

> É nossa opinião que as normas gerais têm campo próprio de atuação que não se confunde com a regulação de conflitos

---

183. Colocarei entre parênteses metódicos a discussão a respeito das correntes dicotômica e tricotômica que disputam a respeito da melhor interpretação do art. 146 da Constituição, firmando minha posição pela primeira. Ao leitor que pretenda nela aprofundar-se, recomendo o já citado livro de FREDERICO SEABRA DE MOURA, que traz lúcida explanação a respeito dos principais argumentos de cada uma delas antes de expor seu próprio posicionamento (*Op. Cit.*, pp. 160-172).

e limitações ao poder de tributar, o que significa ser tríplice a função da lei complementar prevista no art. 18, §1º, da Emenda Constitucional n. 1 de 1969.[184]

Para os segundos, a única maneira de interpretar as normas gerais de direito tributário é afirmando que elas:

> [...] são aquelas que dispõem sobre conflitos de competência entre as entidades tributantes e também as que regulam as limitações constitucionais ao poder de tributar. Pronto: o conteúdo está firmado. Quanto mais não seja, indica, denotativamente, o campo material, fixando-lhe limites. E como fica a dicção constitucional, que desprendeu tanto verbo para dizer algo bem mais amplo? Perde-se no âmago de rotunda formulação pleonástica, que nada acrescenta.[185]

Em meio a discussão, parece-me que o devido respeito aos princípios federativo e de autonomia dos municípios, tão privilegiados no relevo das disposições constitucionais, conduzem a afirmação de que a segunda corrente melhor delineia o âmbito reservado às disposições da lei complementar.

Feitas essas considerações, é possível afirmar que a legislação complementar somente poderia restringir a liberdade do legislador ordinário na escolha do lugar do tributo na justa medida em que dispusesse sobre as limitações ao poder de tributar ou no caso de conflitos de competência.

A segunda das hipóteses pode trazer reflexos para a situação narrada no item 3.1.1., quando aos legisladores, ante a complexidade espacial do conjunto de movimentos formadores

---

184. SOUZA, Hamilton Dias de. *Lei Complementar em matéria tributária*. In: MARTINS, Ives Gandra da Silva (Coord.). *Curso de Direito Tributário*. São Paulo: Saraiva, 1982, p. 31.
185. CARVALHO, Paulo de Barros. *Curso de Direito Tributário*. São Paulo: Saraiva, 2011, p. 224.

da conduta, ainda que seja ela reduzida pelos demais constrangimentos aqui citados, depara-se com situação em que se poderia instituir o tributo sobre mais de um local. Nesses casos, ou bem (1) admitirá essa circunstância a lei complementar e disporá sobre a licitude da pluralidade de fatos jurídicos e, com isso, dará ensejo a duas – ou mais – incidências, montando a situação conhecida como pluritributação; (2) ou inserirá dispositivo que, retirando a competência de um ente, afirme a de outro.

Exemplo interessante dessa circunstância ocorre com o disposto no art. 11 da Lei Complementar 87/96 que, ao dispor sobre o local no qual estão autorizados os Estados a apontar como o critério espacial apto a fazer incidir sua legislação sobre o ICMS, estatui:

> Art. 11. O local da operação ou da prestação, para os efeitos da cobrança do imposto e definição do estabelecimento responsável, é:
>
> [...]
>
> III – tratando-se de prestação onerosa de serviço de comunicação:
>
> [...]
>
> c-1) o do estabelecimento ou domicílio do tomador do serviço, quando prestado por meio de satélite;
>
> [...]
>
> § 6º Na hipótese do inciso III do caput deste artigo, tratando-se de serviços não medidos, que envolvam localidades situadas em diferentes unidades da Federação e cujo preço seja cobrado por períodos definidos, o imposto devido será recolhido em partes iguais para as unidades da Federação onde estiverem localizados o prestador e o tomador.

Interessante observar que um serviço de comunicação por satélite pode ser tributado: (a) exclusivamente no domicílio do tomador do serviço e, assim, segundo a legislação vigente naquele território, ou, (b) se o serviço for do tipo *não medido*, haverá a exigência concorrente no local dos domicílios do tomador e do prestador. Na última circunstância, com a instituição de dois lugares do tributo, observa-se não a atribuição de sentido de uma, mas de duas condutas, ao mesmo conjunto de movimentos. Em decorrência disso, haverá não uma, mas duas incidências, assim como descrito no item (1) parágrafos atrás. Por outro lado, na situação prescrita na alínea "c-1" do art. 11, observa-se a eleição, pela norma geral, de um lugar para ser o único atribuível àquele conjunto de movimentos, configurando a hipótese descrita no item (2) da enumeração da página anterior.

### 5.4.2. *Convênios e a competência para tributar no ICMS*

Dentre as acepções do termo interessa-nos aquela por meio da qual se chama *convênio* aos instrumentos introdutores de normas jurídicas cuja produção é restrita aos membros do Poder Executivo de duas ou mais pessoas jurídicas de direito público.

Conquanto a matéria sobre a qual versem possa abranger muitos aspectos da atividade pública, no que diz respeito à seara dos tributos são duas as suas aplicabilidades: (i) prestam-se a delimitação de expedientes e procedimentos conjuntos dos órgãos fazendários em benefício da fiscalização e maior agilidade na produção de provas;[186] (ii) operam os mecanismos de concessão de benefícios fiscais no âmbito do ICMS[187] e; (iii) alteração da sujeição ativa no âmbito do ITR.[188]

---

186. Previstos no art. 100, IV, do Código Tributário Nacional.
187. Assim ocorre em função do art. 155, §2º, XII, *g*, da Constituição da República.
188. É esse o permissivo do art. 153, §4º, III da Carta Magna. Segundo esse dispositivo, o ITR *"será fiscalizado e cobrado pelos Municípios que assim optarem, na forma da lei, desde que não implique redução do imposto ou qualquer*

Em função do princípio da estrita legalidade tributária, posto na Carta e repetido no Código, não é permitido aos convênios versar sobre os itens da regra-matriz de incidência tributária, a não ser no que diz respeito às duas exceções explicitamente previstas no próprio texto constitucional: a concessão de benefícios fiscais e a sujeição ativa na regra-matriz de incidência tributária do ITR.

Haveria, portanto, apenas uma possibilidade de um convênio versar a respeito do critério espacial de regra-matriz de incidência tributária que consistiria, precisamente, na hipótese do art. 155, §2º, XII, *g*, da Constituição, segundo os trâmites previstos na Lei Complementar 24/75: a concessão de benefícios fiscais no âmbito do ICMS.

Com efeito, muitos benefícios fiscais justificam-se pela necessidade de promover o desenvolvimento regional e, desse modo, produzem alterações normativas que desoneram operações praticadas dentro de certas marcas espaciais, havendo, assim, a modificação de (a) domínio espacial de vigência ou do (b) critério espacial propriamente dito.

Os convênios, entretanto, não operam, eles mesmos, essas modificações.[189] Na linha das decisões mais recentes do Supremo Tribunal Federal, percebe-se que os convênios atuam, no ICMS,

---

*outra forma de renúncia fiscal*". Observe-se que o emprego de convênio não permite qualquer alteração no teor da regra-matriz de incidência tributária, além da própria sujeição ativa, em outras palavras, não se transfere a competência para instituir tributos, apenas a competência naquela outra acepção, qual seja, a de *cobrar tributos*.

189. A convicção de que o convênio seria ato suficiente para a concessão de benefício fiscal fundamenta também a tese de que apenas a unanimidade seria o *quorum* apropriado à sua confecção. Nessa linha, veja-se o texto de IVES GANDRA DA SILVA MARTINS: "*A meu ver, retirar o direito de – dentro das regras constitucionais de que os Estados não estão obrigados a suportar políticas destinadas a promover o reequilíbrio regional, cabendo esta atribuição exclusivamente à União – o Estado opor-se a incentivos fiscais de ICMS de outra unidade que lhe prejudiquem diretamente, é abolir o verdadeiro pacto*

como *requisito*[190] *prévio*[191] ao exercício da competência legislativa dos estados para que estes instituam, por meio de lei própria, o respectivo benefício.

Não são eles, portanto, instrumentos modificadores da regra-matriz de incidência tributária, mas constrangimentos

---

*federativo, mantendo-se uma Federação apenas formal, o que, manifestamente, não desejaram os constituintes, ao instituírem a regra da unanimidade em nível de Lei Suprema, hoje com formação legislativa infraconstitucional e jurisprudencial.*" (MARTINS, Ives Gandra. *In:* MARTINS et CARVALHO, *Guerra Fiscal.* São Paulo: Noeses, 2012, p. 22).

190. "**Pacífico o entendimento jurisprudencial no sentido de que a concessão unilateral de benefícios fiscais relativos ao ICMS, sem a prévia celebração de convênio intergovernamental, nos termos do que dispõe a LC 24/1975, afronta ao disposto no art. 155, § 2º, XII, g, da CF.** Precedentes. Ação direta julgada procedente para declarar inconstitucional o Decreto 989/2003, do Estado do Mato Grosso." (STF. Pleno. ADI 3.312, Rel. Min. Eros Grau, DJ 9.3.2007. Destaquei).

191. "ICMS e repulsa constitucional à guerra tributária entre os Estados-membros: o legislador constituinte republicano, com o propósito de impedir a 'guerra tributária' entre os Estados-membros, enunciou postulados e prescreveu diretrizes gerais de caráter subordinante destinados a compor o estatuto constitucional do ICMS. Os princípios fundamentais consagrados pela CF, em tema de ICMS, (a) realçam o perfil nacional de que se reveste esse tributo, (b) legitimam a instituição, pelo poder central, de regramento normativo unitário destinado a disciplinar, de modo uniforme, essa espécie tributária, notadamente em face de seu caráter não-cumulativo, **(c) justificam a edição de lei complementar nacional vocacionada a regular o modo e a forma como os Estados-membros e o Distrito Federal, sempre após deliberação conjunta, poderão, por ato próprio, conceder e/ou revogar isenções, incentivos e benefícios fiscais.** Convênios e concessão de isenção, incentivo e benefício fiscal em tema de ICMS: a celebração dos convênios interestaduais constitui pressuposto essencial à válida concessão, pelos Estados-membros ou Distrito Federal, de isenções, incentivos ou benefícios fiscais em tema de ICMS. **Esses convênios – enquanto instrumentos de exteriorização formal do prévio consenso institucional entre as unidades federadas investidas de competência tributária em matéria de ICMS – destinam-se a compor os conflitos de interesses que necessariamente resultariam, uma vez ausente essa deliberação intergovernamental, da concessão, pelos Estados-membros ou Distrito Federal, de isenções, incentivos e benefícios fiscais pertinentes ao imposto em questão.**" (STF. Pleno. ADI 1.247-MC, Rel. Min. Celso de Mello, DJ 8.9.1995. Destaquei).

à liberdade estipulativa dos legisladores estaduais que, ao conceder benefícios fiscais que levem em conta a elementos espaciais na definição de sua abrangência, devem ater-se aos termos desse instrumento.

Uma nota preocupante deve ser levada em conta. A experiência vem registrando um número crescente de Convênios estaduais no âmbito do CONFAZ cujas disposições versam sobre *conflitos de competência*.[192] Isto é, sem versar sobre fiscalização ou benefícios fiscais, determinam que a incidência de um tributo sobre uma dada operação deve-se dar no território deste ou daquele Estado.

Tais iniciativas, entretanto, carecem de amparo constitucional. São dois os motivos: (1) estando nossa ordem jurídica pautada pelo princípio da estrita legalidade tributária, não se poderia admitir a produção de instrumento diverso para versar sobre o critério espacial ou o domínio espacial de vigência; e (2) ainda que se aceite que as normas postas pelos convênios não tratam propriamente da instituição de tributos, mas de disposições a respeito da competência para fazê-lo, o procedimento constitucionalmente apto para a produção de tais expedientes é aquele da Lei Complementar, segundo a prescrição do art. 146, II da Constituição.

### 5.5. Quinto: Tratados Internacionais

Outro constrangimento que se impõe a liberdade de escolha do lugar do tributo é dada pela redação de tratados internacionais, como é o caso dos tratados que versam sobre

---

[192]. Exemplificam-no o documento citado na Introdução deste livro (Ajuste SINIEF 07/2011, Cláusula Segunda, §3º, que limitava o local de incidência nas operações de venda de bebidas e alimentos no interior de aeronaves) e o Convênio CONFAZ nº 52/2005 (que "delimita" o conflito de competência entre o estado do prestador e o do tomador nos serviços de telecomunicação por satélite).

dupla tributação. Esses documentos recebem tratamento diferençado na legislação tributária, como se observa na redação do CTN:

> Art. 98. Os tratados e as convenções internacionais revogam ou modificam a legislação tributária interna, e serão observados pela que lhes sobrevenha.

Certamente houve um exagero na estipulação dos efeitos da ratificação do tratado no ordenamento jurídico brasileiro. Não seria apropriado dizer que os tratados *revogam* a legislação interna, isso porque a razão que dita a sua aplicação preferencial não é a revogação, mas o grau de especificidade de suas disposições que, mais específicas que aquelas gerais das leis tributárias nacionais, devem ser preferidas no processo de construção de sentido das normas jurídicas tributárias.

Fosse admitido o contrário, que há revogação, a situação em que houvesse a denúncia do tratado ainda assim não seria capaz de restituir a tributação sobre as situações especificadas no tratado, devendo haver a edição de nova lei sobre o mesmo assunto. Adotada essa tese de que ocorre uma revogação, caso sobreviesse a reinstauração do diploma normativo nacional no momento da denúncia, caracterizar-se-ia hipótese de *repristinação*. Evidentemente, essa situação não se adequa bem às prescrições de nosso sistema jurídico.

Pois bem, seria mais apropriado dizer que as disposições do tratado impõem obstáculo àquilo que TERCIO SAMPAIO FERRAZ JR. chama de eficácia técnica:[193] trata-se de obstáculo

---

193. No original: *"Uma norma também se diz eficaz quando estão presentes certos requisitos técnicos. A dogmática supõe, nesse caso, a necessidade de enlaces entre diversas normas, sem os quais a norma não pode produzir seus efeitos. Por exemplo, a norma prescreve que crimes hediondos serão inafiançáveis, mas transfere para outra norma a definição de hediondo. Enquanto esta não existir, a primeira não poderá produzir efeitos. Fala-se, então de eficácia ou ineficácia*

jurídico, provocado pela presença ou pela falta de uma disposição específica, cuja existência impede a incidência de outra norma, mas que, uma vez suprimido, restaurada ficará sua aptidão para regrar as condutas intersubjetivas. Tal solução afirma a *vigência simultânea* dos dispositivos legais e, com isso, desloca o problema para o plano da aplicação, consistindo assim no juízo sobre qual dos preceitos deve ser aplicado para a construção de sentido ante as circunstâncias do caso concreto.

Daí afirmar-se que esse constrangimento não se dirige ao legislador, que está livre para escolher o critério espacial, inclusive em sentido contrário àquele expresso no tratado. No entanto, ainda que assim o fizer, deverá o aplicador da norma preferir a disposição do tratado, porque mais específica ao caso, para atribuir sentido à conduta observada.

Os tratados internacionais versam sobre o lugar do tributo em condições muito semelhantes àquelas das Leis Complementares: ou bem (a) firmam um acordo para decidir qual, dentre os Estados signatários, pode tributar uma situação, designando o critério que permite aferir, em seu território, o lugar do fato jurídico tributário; (b) confirmam que se trata de duas (ou mais) condutas separadas, cujos locais podem ser identificados com base nos critérios enunciados nas legislações locais e, assim, pode haver mais de uma tributação sobre o mesmo conjunto de movimentos.

---

técnica. *A exigência desses enlaces nos permite dizer que a eficácia técnica tem uma relevância sintática (relação signo/signo, norma/norma)*". (FERRAZ JR., Tercio Sampaio. *Introdução ao Estudo do Direito*. São Paulo: Atlas, 2008, p. 171).

# Conclusões

**Capítulo Primeiro – O corte**

1. O intelecto percebe o mundo sempre de forma recortada, sendo-lhe impossível entrar em contato direto com as totalidades e os universais. É graças à sua capacidade de atribuir sentido a essas representações invariavelmente parciais, articulando-as por meio de sua mente, que o ser humano consegue apreender o mundo a despeito de engajar-se apenas com fragmentos dele.

2. O homem não comunica os dados do mundo por meio desses próprios objetos observados. Para tanto serve-se de *signos*, cujas definições auxiliam o cumprimento de seu propósito comunicativo, instalando consensos mínimos para que se dê sua compreensão em termos intersubjetivos.

3. O bom entendimento intersubjetivo de um assunto tem por imprescindível o uso de definições apuradas, que devem ser adequadas ao propósito do discurso e, ainda, ser bem construídas para reduzir a ambiguidade e vagueza dos termos pelos quais se expressa o tema.

4. Há duas diferentes formas de uma definição significar – no sentido de *versar em novos signos* – um objeto: pela via da

conotação ou intensão, em que se parte do geral ao específico; ou pela via da denotação ou extensão, que se funda na enumeração dos elementos que o termo denota, partindo do individual em direção à generalidade.

5. Embora da intensão seja possível identificar a extensão, dada a infinitude de aspectos e propriedades com que se apresenta o real, é impossível fazer com precisão o caminho inverso, partindo da extensão à intensão.

6. As definições inauguram classes que marcam o campo de aplicabilidade desses termos. A boa construção de uma classe depende: (a) da obediência aos preceitos lógicos que presidem o processo classificatório; (b) do emprego das regras que auxiliam na construção de definições úteis. Tais etapas contribuem para a formação de critério classificatório consistente (quando satisfaz $a$) e coerente (se atendido $b$).

7. As classes não têm existência real, consistindo num conceito no qual o ser humano insere, abstratamente, os objetos construídos em sua atividade de recortar o mundo.

8. Se as classes são ideias, sem existência real, a operação lógica de inclusão de classes somente pode ocorrer entre os conceitos que fazemos das coisas e os conceitos que atribuímos à definição do critério de pertinência à classe, nunca podendo ocorrer tal procedimento entre coisas e conceitos.

9. Denominei "direito" ao conjunto de normas jurídicas válidas em determinadas condições de tempo e espaço; chamei de "Direito", com a inicial maiúscula, o conjunto de proposições elaboradas segundo um método científico cujo objeto é justamente o conjunto das prescrições do direito.

10. O direito apresenta-se sempre como linguagem prescritiva, ainda que a sua construção frásica possa sugerir o emprego da linguagem com outras funções, como a descritiva.

11. Tem o direito, por propósito, regular a conduta humana

e, para isso, categoriza os comportamentos intersubjetivos por meio de critérios seletores de propriedades juridicamente estabelecidos, formando classes de interações intersubjetivas às quais se chama de hipóteses ou fatos jurídicos.

12. Às classes de condutas categorizadas segundo esses critérios, o direito imputa relações jurídicas que obrigam, permitem ou proíbem a praticar ou omitir determinadas ações pelos sujeitos dessas relações.

13. Em sendo linguagem, é possível estudar as normas jurídicas pelos seus aspectos lógico, semântico e pragmático.

14. O emprego de fórmulas, como a regra-matriz de incidência tributária, é instrumento interessante para conhecer o aspecto lógico das normas jurídicas e exibir: (1) sua estrutura que se repete em todas as normas; (2) uma representação mais simples do conjunto de relações que forma seu sentido; (3) as variáveis pertinentes à identificação das condições que motivam sua incidência; (4) como essas variáveis relacionam-se e a maneira que sua alteração pode afetar o resultado da produção normativa.

15. Toda norma jurídica deve ter seu sentido construído a partir dos enunciados prescritivos postos, implícita ou explicitamente, em meio aos documentos normativos.

16. O sentido implícito de um enunciado é construído sempre a partir de outros enunciados explícitos no ordenamento. Não se podem empregar, na construção do sentido da norma jurídica, elementos outros que aqueles positivados no sistema.

17. Chama-se, neste trabalho, de norma jurídica tributária apenas aquela que versa sobre a incidência de tributos, sendo desprezadas todas as demais que com ela se relacionem, salvo a da competência, que interessará na estreita relação que ela guarda para com a norma jurídica tributária.

18. Define-se a regra-matriz de incidência tributária como técnica de esquematização lógica das normas jurídicas tributárias para facilitar-lhes a compreensão, pelo emprego de uma fórmula que articula seus critérios formadores dos termos antecedente (material, espacial e temporal) e consequente (pessoal e quantitativo).

19. É possível, por abstração com fins meramente epistemológicos, voltar a atenção do estudioso apenas para o critério espacial da norma jurídica tributária, sem, com isso, romper-lhe a unidade. Basta que se tome consciência de que o corte é realizado apenas para fins de conhecimento, não importando cisão do objeto que, no presente caso, consiste em estrutura que já é mínima e irredutível do fenômeno estudado.

## Capítulo Segundo – O espaço no Direito

1. Todo signo é formado pela relação triádica entre suporte físico, significado e significação.

2. Sendo relação, o signo somente existe na mente de um intérprete que a ele atribua sentido: sem o intelecto, não se forma o vínculo entre seus três componentes. Equivale a dizer: não há signo sem um ser humano que o interprete.

3. Também os gestos humanos podem ser compreendidos como signos: consistem os movimentos mecânicos em seu suporte físico, aquilo que se pretende com eles exprimir será o seu significado e o sentido, convencionalmente atribuído pelos intérpretes, que permite ligar esses movimentos a uma intenção, é sua significação.

4. Percebida enquanto signo, toda conduta é o resultado de um conjunto de movimentos ao qual se pode atribuir significado unitário.

5. É imprescindível que o significado atribuído à conduta seja unitário. Do contrário, ter-se-ia não apenas uma, mas

várias condutas. A unidade ou pluralidade não é atribuída aos movimentos, mas ao sentido que a eles é outorgado conforme as regras de cada linguagem.

6. *Grosso modo* identifica-se, na evolução da filosofia e na física, três acepções para a palavra espaço: (1) espaço como lugar, equivalendo ao conjunto de relações que permite identificar a situação de um dado objeto; (2) espaço como totalidade, funcionando como um receptáculo para tudo que existe, tudo o que possa existir e, até mesmo, para o vazio; e (3) tomado enquanto expressão ambígua que pode ser desdobrada em muitas dimensões, de existência relativa – como as coordenadas de um mapa, ou as medidas de comprimento, largura, altura e tempo de um objeto – e em outros conceitos de existência objetiva – como a ideia de *campo*, empregada para descrever conceitos físicos como a deformação do campo gravitacional.

7. A conjugação dessas noções demonstra que o homem, em sua atividade cognitiva, define um *campo* a partir do qual traça *relações*. Esse campo tem a função de estabelecer o universo de seu conhecimento e, num cenário comunicativo, o *universo do discurso*. As relações espaciais estabelecem-se *a partir* dele e *dentro* dele. Quando essas relações se apresentam em número suficiente para afirmar a situação de um objeto em meio ao campo do discurso, chamamos a esse conjunto de *lugar*.

8. Nenhuma referência espacial pode ser estabelecida sem que exista um campo que lhe sirva de pressuposto. É por isso que é do espaço – tomado como *cosmos, campo, universo de um discurso* – "ser pressuposto de si mesmo", como explica MERLEAU-PONTY.

9. Essas noções aparecem no exame das categorias do direito penal: assim como o *território* está para a noção de *campo*, estão as teorias sobre o *lugar do crime* relacionadas àquele feixe de relações espaciais que chamei de *lugar*.

10. Assim, não se pode estabelecer o lugar do crime sem que se fixe, como pressuposto, o território como domínio espacial de vigência da lei penal.

11. Da mesma forma, carecerá de sentido a só estipulação do domínio espacial de vigência sem que se outorguem condições para a identificação das relações de lugar. Não se saberia, desse modo *quê* precisa se verificar dentro do campo – o domínio espacial de vigência – para afirmar a prática do tipo penal.

12. Tanto a definição do território como a definição do lugar jurídico são produzidas com liberdade de estipulação e, por isso, não se submetem a juízos de verdade, apenas aos de validade, como é próprio das normas jurídicas.

13. Mesmo situações de "extraterritorialidade" na aplicação do direito penal somente podem ser punidas quando relacionadas a algo cujo lugar seja verificável no território brasileiro, como a situação do agente ou do bem jurídico afetado.

14. Há uma relação de pertinência entre o lugar do crime e o território, da mesma forma que há entre uma classe e sua subclasse e, também, entre as noções de ponto e plano do sistema de geometria euclidiano.

15. O lugar que se atribui a uma conduta é sempre um só. Quando houver a atribuição de mais de um critério para a definição de um lugar deve o ordenamento dispor sobre uma forma de preferência entre eles ou, quando não o faça, deverá ser reconhecida a existência de mais de uma conduta, dado a exigência de sentido unitário que se deve atribuir ao conjunto de movimentos para que seja ele uma conduta.

16. A definição do lugar da conduta passa pela *escolha* de um dos movimentos componentes do complexo a que se atribui sentido unitário.

17. Essa escolha, por ser resultante de definição que comporta liberdade estipulativa, apenas submete-se a juízo

de validade, nunca de veracidade, não havendo obrigação de coincidir com a concepção social do lugar da conduta ou de algum de seus movimentos. Basta que, por meio de disposição jurídica, ligue-se a conduta ao domínio espacial de vigência para que se possa fundamentar a aplicação da norma jurídica.

## Capítulo Terceiro – Competência, território e lugar no Direito Tributário

1. Para os fins deste estudo, separa-se, na sequência de positivação das normas jurídicas tributárias: (a) os processos de competência tributária – que se dá com a passagem da norma de competência para a norma jurídica tributária geral e abstrata – e (b) a incidência – que protocola a operação de subsunção conceito expresso em termos conotativos da norma geral e abstrata com o conceito expresso nos termos denotativos da norma individual e concreta.

2. A competência legislativa tributária tem por características irrefutáveis a indelegabilidade, irrenunciabilidade e incaducabilidade.

3. Com algumas exceções, é possível afirmar também que a privatividade, inalterabilidade e facultatividade de seu exercício constituem regras gerais no seu desempenho.

4. A incidência é operação realizada por um sujeito competente para fazer a subsunção dos termos denotativos de seu relato nos termos conotativos da norma geral e abstrata. Seu resultado é sempre a instauração de comando jurídico individual e concreto.

5. Dada a natureza relacional das referências espaciais, também no direito tributário deve-se empregar ao menos duas categorias: o domínio espacial de vigência e o feixe de enunciados que permita identificar o lugar do tributo.

6. Essas entidades somente têm sentido no encontro de uma e outra. Que falte um e não terá sentido o outro.

7. O critério espacial consiste na categoria de *lugar* e deve ser construído juntamente com a regra-matriz de incidência, fornecendo os elementos precisos para que o aplicador da norma saiba quais dados será necessário relatar na fixação do lugar de incidência do tributo.

8. O território corresponde à noção de domínio espacial de vigência, devendo guardar relação estreita com o lugar do tributo para que se possa dar a aplicação da norma jurídica tributária. Constrói-se seu sentido a partir das disposições que regulam a vigência dos enunciados empregados na construção da regra-matriz de incidência do tributo.

9. Considerando que toda conduta é resultado de um conjunto de movimentos ao qual se atribui significado unitário, também à conduta juridicamente relevante deve-se atribuir significado unitário e, assim, um só lugar.

10. Caso existam disposições no direito positivo que permitam aos sujeitos encarregados da aplicação da norma imputar mais de um lugar, deve haver mecanismos no sistema que prescrevam a preferência de um sobre o outro. Do contrário, não se tratará de uma, mas de duas condutas, cada uma dando ensejo a diferente relação de incidência jurídica tributária e, logo, distintas obrigações tributárias.

11. A bitributação em razão da complexidade espacial de uma dada operação comercial é, por vezes, prescrita pelo ordenamento jurídico. Assim ocorre, porque derivam de duas normas diferentes e, portanto, trata-se de duas condutas diversas ainda que derivadas de um mesmo conjunto de movimentos. Dentro dessas condições, não caberia falar em bitributação de uma mesma conduta.

12. A doutrina difere as categorias (i) lugar *no* fato e (ii) lugar *do* fato. Neste trabalho a locução "lugar do tributo"

aproxima-se em sentido do conceito de "lugar no fato", tal como proposto por Paulo de Barros Carvalho, como as indicações do local no qual se realizou o fato jurídico tributário. O lugar *do* fato, por sua vez, diz respeito à norma que prescreve o dever de produzir o veículo introdutor da norma individual e concreta. Por esse motivo, está o lugar *do* fato fora do isolamento temático estabelecido no Capítulo Primeiro e, consequentemente, da análise desta pesquisa.

13. O lugar *no* fato corresponde ao critério espacial da regra-matriz de incidência tributária definido em termos denotativos. Não coincide com a intenção do território, embora denote traços deste, na medida em que é subconjunto da classe formada pelo domínio de vigência de uma norma jurídica tributária.

14. Dados os atributos do exercício da competência legislativa para a formação da norma jurídica tributária geral e abstrata é possível identificar cinco constrangimentos à liberdade de estipulação que frui o legislador na escolha do lugar do tributo e na definição do domínio espacial de vigência.

15. Primeiramente, deve ele ater-se na escolha da materialidade instituída na Constituição, sendo-lhe defeso invadir a zona de exclusividade atribuída a outro sujeito de direito público.

16. O segundo constrangimento deve-se à imposição cravada na implicitude da Constituição que prescreve que a escolha do lugar do tributo somente pode suceder com relação a movimentos cuja ocorrência seja imputável no território do ente tributante.

17. Embora muito se discuta sobre a existência do princípio da territorialidade em nosso ordenamento jurídico, dadas as situações em que parece viger o princípio da universalidade, percebe-se que a aplicação da legislação brasileira tem por imprescindível que seja apontado um elemento de

conexão com o território local a fim de firmar, nele, um marco para a incidência.

18. Chama-se "elemento de conexão" ao enunciado que atribui um lugar no território brasileiro ao conjunto de movimentos praticados fora do país. Dessa forma, ao imputar-se o sentido unitário da conduta, prefere-se o movimento realizado no Brasil desprezando a complexidade espacial dos movimentos verificados no exterior.

19. O chamado "elemento de conexão", porque atribui um lugar em território nacional à conduta realizada em parte no exterior, deve ser interpretado juntamente às demais disposições que versam sobre o critério espacial da regra-matriz de incidência tributária, no mesmo instante em que se desempenha seu processo de construção de sentido.

20. O terceiro constrangimento são os conceitos de direito privado que, servindo de base para a construção das hipóteses tributárias, não podem ser ampliados conforme prescrito nos artigos 109 e 110 do Código Tributário Nacional. Assim, não se permite ao legislador eleger como lugar do tributo elemento diverso daquele mínimo estabelecido na definição do instituto feita por documentos de outros ramos do direito.

21. O quarto constrangimento é formado pelo conjunto de leis complementares que, dispondo sobre conflito de competências ou limitações constitucionais ao poder de tributar, coparticipam da construção de conteúdo das outorgas de competências constitucionais, pormenorizando-as.

22. Ante a pluralidade de aspectos aptos a escolha dos legisladores ordinários, a lei complementar poderá versar sobre a escolha do critério espacial de duas maneiras: (1) ou estipulando tal critério para atribuir a competência a um dos entes, excluindo os demais; (2) ou autorizando a opção de mais de um local. Dessa maneira, permite que diferentes legisladores instituam *tributos distintos* sobre aquele mesmo conjunto de

movimentos que, dados os diferentes significados construídos pelas normas, passará a ser base material de duas (ou mais) condutas diversas.

23. O quinto constrangimento é formado pelos tratados internacionais, que têm sua aplicação preferida à legislação nacional conforme disposto no art. 98 do CTN.

24. O motivo dessa aplicação preferencial é a especificidade de suas disposições, sempre de menor abrangência em relação à norma nacional geral e abstrata. Não é o caso de revogação, pois tal fenômeno seria incompatível com outras prescrições do sistema.

25. Ante a pluralidade de elementos que possam ser eleitos para a definição do lugar do tributo em uma operação internacional qualquer, os tratados podem dispor de maneira semelhante à Lei Complementar: (1) ou fornecendo critério para atribuir a aplicação à lei de um dos Estados, excluindo os demais; (2) ou autorizando o emprego de mais de um local e, dessa forma, permitindo que diferentes leis possam incidir sobre o mesmo conjunto de movimentos. Desse modo, não se estará diante de conduta única, mas de duas (ou mais), correspondendo cada qual à diferente norma nacional que tenha instituído o tributo.

# Referências

ABBAGNANO, Nicola. *Dicionário de Filosofia*. São Paulo: Martins Fontes, 2007.

ADEODATO, João Maurício. *Uma Teoria Retórica da Norma Jurídica e do Direito Subjetivo*. São Paulo: Noeses, 2011.

_____. *Ética e Retórica: para uma teoria da dogmática jurídica*. São Paulo: Saraiva, 2009.

_____. *Filosofia do Direito: uma crítica a verdade na Ética e na Ciência*. São Paulo: Saraiva, 2009.

ARAUJO, Clarice von Oertzen de. *Semiótica do Direito*. São Paulo: Quartier Latin, 2005.

ATALIBA, Geraldo. *Hipótese de Incidência Tributária*. São Paulo: Malheiros, 2008.

ÁVILA, Humberto Bergmann. *Sistema Constitucional Tributário*. São Paulo: Saraiva, 2008.

_____. *Teoria dos Princípios: da definição à aplicação dos princípios jurídicos*. São Paulo: Malheiros, 2006.

BALEEIRO, Aliomar. *Limitações Constitucionais ao Poder de Tributar*. Rio de Janeiro: Forense, 2006.

BARRETO, Aires F. *Imposto sobre serviço de qualquer natureza*. In: *Revista de Direito Tributário*, vol. 29/30. São Paulo: Malheiros.

_____. *ISS – Não incidência sobre as atividades desenvolvidas em águas marítimas*. In: *Revista Dialética de Direito Tributário*, n. 200. São Paulo: Dialética, 2012.

BARRETO, Paulo Ayres. *Contribuições. Regime Jurídico, Destinação e Controle*. São Paulo: Noeses, 2009.

BECKER, Alfredo Augusto. *Teoria Geral do Direito Tributário*. São Paulo: Noeses, 2010.

BOBBIO, Norberto. *Teoria da Norma Jurídica*. São Paulo: Martins Fontes, 2008.

_____. *Teoria do Ordenamento Jurídico*. São Paulo: Martins Fontes, 2008.

BORGES, José Souto Maior. *Obrigação Tributária (Uma introdução metodológica)*. São Paulo: Malheiros, 1999.

_____. *Lei Complementar Tributária*. São Paulo: RT, 1975.

_____. *Ciência Feliz*. São Paulo: Quartier Latin, 2007.

BROWNLIE, Iam. *Principles of Public International Law*. Londres: Oxford, 2003.

BRUNO, Aníbal. *Direito Penal. Parte Geral*. Tomo I. Rio de Janeiro: Forense, 2005.

CAMPAGNOLO, Umberto *et* KELSEN, Hans. *Direito Internacional e Estado Soberano*. São Paulo: Martins Fontes, 2002.

CARMO, Paulo Sérgio do. *Merleau-Ponty: uma introdução*. São Paulo: EDUC, 2000.

CARNAP, Rudolf. *Introduction to Philosophy of Science*. Nova Iorque: Dover, 1996.

CARRAZZA, Roque Antonio. *Imposto sobre a Renda*. São Paulo: Malheiros, 2006.

_____. *Curso de Direito Constitucional Tributário*. São Paulo: Malheiros, 2005.

_____. *Reflexões sobre a Obrigação Tributária*. São Paulo: Noeses, 2010.

CARVALHO, Aurora Tomazini de. *Curso de Teoria Geral do Direito*. São Paulo: Noeses, 2009.

CARVALHO, Paulo de Barros. *Curso de Direito Tributário*. São Paulo: Saraiva, 2011.

_____. *Derivação e Positivação no Direito Tributário*. L. II. São Paulo: Noeses, 2013.

_____. *Derivação e Positivação no Direito Tributário*. L. I. São Paulo: Noeses, 2011.

_____. *Direito Tributário, Fundamentos Jurídicos da Incidência*. São Paulo: Saraiva, 2011.

_____. *Direito Tributário, Linguagem e Método*. São Paulo: Noeses, 2011.

_____. *O Princípio da Territorialidade no Direito Tributário*. In: *Revista de Direito Tributário* nº 76.

_____. *Poesia e Direito – O legislador como poeta: Anotações ao pensamento de Flusser*. In: CARNEIRO, J. et HARET, F. (Org.). *Vilém Flusser e os Juristas*. São Paulo: Noeses, 2011.

CASTAGNÈDE, Bernad. *Precís de fiscalité internationale*. Paris: Presses Universitaires de France, 2002.

CASTRO, Leonardo Freitas de Moraes e. *ISS sobre serviços de limpeza, manutenção e conservação de plataformas de petróleo prestados onshore e offshore*. In: *Revista Tributária e de Finanças Públicas*. São Paulo: RT, a. 20. V.106, set.-out. 2012.

CASTRO JR., Torquato. *A Pragmática das Nulidades e a Teoria do Ato Jurídico Inexistente*. São Paulo: Noeses, 2009.

CHIESA, Clélio. *A Competência Tributária do Estado Brasileiro*. São Paulo: Max Limonad, 2002.

CLARKE, Samuel et LEIBNIZ, Gottfried. *A Collection of Papers*. Londres: James Knapton, 1777.

COPI, Irving. *Introdução à Lógica*. São Paulo: Mestre Jou, 1981.

COSTA, Alcides Jorge. *Obrigação Tributária*. São Paulo: IBDT, 1975.

DAILLIER, Patrick *et* PELLET, Allain. *Droit International Public*. Paris: L.G.D.J., 2002.

DERZI, Misabel de Abreu Machado. *Direito Tributário, Direito Penal e Tipo*. São Paulo: RT, 2007.

ECHAVE, Delia Teresa; URQUIJO, María Eugenia; et GUIBOURG, Ricardo A. *Lógica, Proposición y Norma*. Buenos Aires: Astrea, 1999.

ECO, Umberto. *As Formas do Conteúdo*. São Paulo: Perspectiva, 2010.

FALCÃO, Amilcar de Araújo. *Fato Gerador da Obrigação Tributária*. São Paulo: Noeses, 2013.

FRAGOSO, Heleno Cláudio. *Lições de Direito Penal*. Parte Geral. Rio de Janeiro: Forense, 1995.

FERRARA, Lucrécia. *Comunicação Espaço Cultura*. São Paulo: Annablume, 2008.

FERRAZ JR., Tercio Sampaio. *Introdução ao Estudo do Direito*. São Paulo: Atlas, 2009.

FERRAZ JR. Tercio Sampaio *et* MARANHÃO, Juliano. *Função pragmática da justiça na hermenêutica jurídica: lógica "do"* ou "no" direito? In: *Filosofia no Direito e Filosofia do Direito*. Revista do Instituto de Hermenêutica Jurídica. Porto Alegre: Instituto de Hermenêutica Jurídica, 2007. Vol. I, n. 5.

FLUSSER, Vilém. *Língua e Realidade*. São Paulo: Annablume, 2007.

GAMA, Tácio Lacerda. *Competência Tributária. Fundamentos para uma teoria da nulidade*. São Paulo: Noeses, 2009.

GARCIA, Basileu. *Instituições de Direito Penal*. V.1. T.1. São Paulo: Max Limonad, 1956.

GOUTHIÈRE, Bruno. *Les Impôts dans lês Affaires Internationales*. Paris: Lefebvre, 2007.

HOUAISS, Antonio. *Dicionário Houaiss da Língua Portuguesa*. Rio de Janeiro: Objetiva, 2009.

IVO, Gabriel. *Norma Jurídica. Produção e controle*. São Paulo: Noeses, 2006.

JAMMER, Max. *Concepts of Space*. The history of theories of space in physics. Nova Iorque: Dover, 1993.

JARACH, Dino. *O Fato Imponível: Teoria Geral do Direito Tributário Substantivo*. São Paulo: RT, 1989.

JELLINEK, Geog. *Teoría General del Estado*. México: FCE, 2000.

KANT, Immanuel. *Crítica da Razão Pura*. Lisboa: Calouste--Gulbenkian. 1989.

KELSEN, Hans. *Teoria Pura do Direito*. São Paulo: Martins Fontes, 2009.

LACOMBE, Américo Masset. *Imposto de Importação*. São Paulo: RT, 1979.

LAPATZA, José Juan Ferreiro. *Direito Tributário: Teoria Geral do Tributo*. Barueri: Manole, 2008.

LINS, Robson Maia. *Controle de Constitucionalidade da Norma Tributária – decadência e prescrição*. São Paulo: Quartier Latin, 2005.

_____. *A reiteração e as normas jurídicas tributárias sancionatórias – a multa qualificada da Lei 9.430/96*. In: *Direito Tributário e os Conceitos de Direito Privado*. São Paulo: Noeses, 2010.

MACHADO, Hugo de Brito. *Curso de Direito Tributário*. São Paulo: Malheiros, 2008.

_____. *O ISS e a Locação ou Cessão de Direito de Uso*. In: *Revista de Direito de Informática e Telecomunicações – RDIT*, n. 1, São Paulo: Fórum, jun. 2004, p. 151.

MARCUSCHI, Luiz Antônio. *Atividades de referenciação, inferenciação e categorização da produção de sentido*. In: FELTES, Heloíssa Pedroso de Moraes (Coord.). *Produção de Sentido. Estudos transdisciplinares*. São Paulo: Annablume, 2003.

MARTINS, Ives Gandra da Silva et CARVALHO, Paulo de Barros. *Guerra Fiscal*. São Paulo: Noeses, 2012.

MAUTNER, Thomas. *The Penguim Dictionary of Philosophy*. Londres: Penguin, 2005.

MAXIMILIANO, Carlos. *Hermenêutica Jurídica e Aplicação do Direito*. Rio de Janeiro: Forense, 2011.

MELO, José Eduardo Soares de. *Curso de Direito Tributário*. São Paulo: Dialética, 2008.

_____. *ICMS – Teoria e Prática*. São Paulo: Dialética, 2008.

MERLEAU-PONTY, Maurice. *Fenomenologia da Percepção*. São Paulo: Martins Fontes, 2011.

MIRABETE, Julio Fabrini. *Curso de Direito Penal*. V.1. Parte Geral. São Paulo: Atlas, 2004.

MORTARI, Cezar. *Introdução à Lógica*. São Paulo: UNESP, 2001.

MOURA, Frederico A. Seabra de. *Lei Complementar Tributária*. São Paulo: Quartier Latin, 2009.

MOUSSALLEM, Tárek. *Fontes do Direito Tributário*. São Paulo: Noeses, 2006.

_____. *Revogação em Matéria Tributária*. São Paulo: Noeses, 2005.

NEWTON, Isaac. *The Natural Principles of Natural Philosophy*. Londres: Benjamin Motte, 1729.

NOGUEIRA, Ruy Barbosa. *Curso de Direito Tributário*. São Paulo: Saraiva, 1995.

NUCCI, Guilherme de Souza. *Código Penal Comentado*. São Paulo: RT, 2008.

PONTES DE MIRANDA, Francisco Cavalcanti. *Tratado de Direito Privado*. V.1. Rio de Janeiro: Borsoi, 1968.

_____. *Tratado de Direito Privado*. V.3. Rio de Janeiro: Borsoi, 1962.

_____. *O Problema Fundamental do Conhecimento*. Porto Alegre: Globo, 1937.

REALE, Miguel. *Lições Preliminares de Direito*. São Paulo: Saraiva, 2002.

_____. *Filosofia do Direito*. São Paulo: Saraiva, 2002.

REICHENBACH, Hans. *The Philosophy of Space & Time*. Nova Iorque: Dover, 1958.

RIBEIRO, Álvaro. *Estudos Geraes*. Lisboa: Guimarães Editora, 1961.

ROBLES, Gregorio. *O que é a Teoria Comunicacional do Direito*. In: *O Direito como Texto*. São Paulo: Manole, 2005.

_____. *Teoría del Derecho. Fundamentos de Teoría Comunicacional del Derecho*. V.1. Cizur Menor: Civitas, 2006.

SABATÉ, Edgardo Fernández. *Filosofía y Lógica*. V. II. *Filosofía del pensar*. Buenos Aires: Depalma, 1979.

SAMPAIO DÓRIA, Antonio Roberto. *Princípios constitucionais tributários e a cláusula due process of law*. São Paulo, Tese (Livre-Docência), Universidade de São Paulo, 1964.

SANTOS, Douglas. *A Reinvenção do Espaço*. São Paulo: UNESP, 2002.

SALDANHA, Nelson. *Espaço e tempo na concepção do direito de Pontes de Miranda*. In: CARCATERRA, Gaetano; LELLI, Marcello; SCHIPANI, Sandro. *Scienza Giuridica e Scienze Sociale in Brasile: Pontes de Miranda*. Padova: CEDAM, 1989.

SCAVINO, Dardo. *La Filosofia Actual: Pensar sin certezas*. Buenos Aires: Paidós, 2007.

SCHOUERI, Luís Eduardo. *Princípios no Direito Tributário Internacional: Territorialidade, Universalidade e Fonte*. In: FERRAZ, Roberto (org). *Princípios e Limites da Tributação*, São Paulo: Quartier Latin, 2005.

SILVA, José Afonso da. *Comentário Contextual à Constituição*. São Paulo: Malheiros, 2007.

SILVEIRA, Lauro Frederico Barbosa da. *Curso de Semiótica Geral*. São Paulo: Quartier Latin, 2007.

SOUZA, Hamilton Dias de. *Lei Complementar em matéria tributária*. In: MARTINS, Ives Gandra da Silva (Coord.). *Curso de Direito Tributário*. São Paulo: Saraiva, 1982.

TEMER, Michel. *Território Federal nas Constituições Brasileiras*. São Paulo: RT, 1975.

TOMÉ, Fabiana Del Padre. *A Prova no Direito Tributário*. São Paulo: Noeses, 2008.

TÔRRES, Heleno Taveira. *Pluritributação Internacional sobre as Rendas das Empresas*. São Paulo: RT, 2001.

TORRES, Ricardo Lobo. *Curso de Direito Financeiro e Tributário*. Rio de Janeiro: Renovar, 2007.

_____. *O Princípio da Tipicidade no Direito Tributário*. In: *Revista Eletrônica de Direito Administrativo Econômico*. Salvador, Instituto de Direito Público da Bahia, n. 5, fev/mar/abr de 2006. Disponível em: <http://www.direitodoestado.com.br/>. Acesso em 22 de fevereiro de 2008.

VELA, Fernando. *Abreviatura de Investigaciones Lógicas de E. Husserl*. Buenos Aires: Occidente, 1949.

VILANOVA, Lourival. *Estruturas Lógicas e o Sistema do Direito Positivo*. São Paulo: Noeses, 2005.

_____. *Casualidade e Relação no Direito*. São Paulo: RT, 2000.

_____. *Escritos Jurídicos e Filosóficos*. Vol. I e II. São Paulo: Axis Mundi/IBET, 2003.

VILLEGAS, Hector. *Curso de Finanzas, Derecho Financiero y Tributário*. Buenos Aires: Depalma, 1972.

VOLLI, Ugo. *Manual de Semiótica*. São Paulo: Loyola, 2007.

VON WRIGHT, Georg Henrik. *Norm and Action*. Londres: Routledge & Kegan Paul, 1963.

_____. *Sobre la Libertad Humana*. Buenos Aires: Paidós, 2002.

WOOD, Allen W. *Kant. Introdução*. Porto Alegre: Artmed, 2008.

XAVIER, Alberto. *Direito Tributário Internacional: Tributação das Operações Internacionais*. Coimbra: Almedina, 1993.

_____. *Direito Tributário Internacional do Brasil*. Rio de Janeiro: Forense, 2004.

_____. *Do Lançamento, Teoria Geral do Ato, do Procedimento e do Processo Tributário*. Rio de Janeiro: Forense, 1998.

ZULETA, Hugo R. *Normas y Justificación – una investigación lógica*. Madrid: Marcial Pons, 2008.

**markpress**
BRASIL

Tel.: (11) 2225-8383
www.markpress.com.br